Gestão da Comunicação

comunicação & cultura

- Comunicação digital: educação, tecnologia e novos comportamentos - André Barbosa Filho e Cosette Castro

- Mutações da cultura midiática - Roberto Elísio dos Santos, Herom Vargas e João Batista F. Cardoso [orgs.]

- Gestão da Comunicação: epistemologia e pesquisa teórica - Maria Aparecida Baccega e Maria Cristina Castilho Costa [orgs.]

- Gestão da Comunicação: projetos de intervenção - Maria Cristina Castilho Costa [org.]

Maria Cristina Castilho Costa
(org.)

Gestão da Comunicação

Projetos de intervenção

Paulinas

Dados Internacionais de Catalogação na Publicação (CIP)
(Câmara Brasileira do Livro, SP, Brasil)

Gestão da Comunicação : projetos de intervenção / Maria Cristina Castilho Costa (organizadora). – 1. ed. – São Paulo : Paulinas, 2009. — (Coleção comunicação & cultura)

Vários autores.
ISBN 978-85-356-2448-9

1. Comunicação 2. Comunicação de massa 3. Comunicação e cultura 4. Comunicação – Gestão 5. Comunicação – Pesquisa 6. Comunicação social 7. Meios de comunicação I. Costa, Maria Cristina Castilho. II. Série.

09-03097 CDD-302.2068

Índices para catálogo sistemático:
1. Comunicação : Gestão : Sociologia 302.2068
2. Gestão da comunicação : Sociologia 302.2068

1ª edição – 2009
1ª reimpressão – 2012

Direção-geral: *Flávia Reginatto*
Editora responsável: *Luzia M. de Oliveira Sena*
Assistente de edição: *Andréia Schweitzer*
Copidesque: *Mônica Elaine G. S. da Costa*
Coordenação de revisão: *Marina Mendonça*
Revisão: *Ruth Mitzuie Kluska*
Direção de arte: *Irma Cipriani*
Gerente de produção: *Felício Calegaro Neto*
Projeto gráfico de capa e miolo: *Telma Custódio*

Nenhuma parte desta obra poderá ser reproduzida ou transmitida por qualquer forma e/ou quaisquer meios (eletrônico ou mecânico, incluindo fotocópia e gravação) ou arquivada em qualquer sistema ou banco de dados sem permissão escrita da Editora. Direitos reservados.

Paulinas
Rua Dona Inácia Uchoa, 62
04110-020 – São Paulo – SP (Brasil)
Tel.: (11) 2125-3500
http://www.paulinas.org.br – editora@paulinas.com.br
Telemarketing e SAC: 0800-7010081
© Pia Sociedade Filhas de São Paulo – São Paulo, 2009

Sumário

Apresentação
Maria Aparecida Baccega 7

Parte I
Planejamento e metodologia
dos projetos de intervenção

Planejamento de Projetos de Gestão Comunicativa
Ismar de Oliveira Soares 27

A pesquisa em Gestão da Comunicação. Por onde começar?
Richard Romancini 55

Parte II
Novos paradigmas para a comunicação:
uma experiência empírica de formação profissional

Novos paradigmas para a comunicação
Maria Cristina Castilho Costa
Cláudia do Carmo Nonato Lima 67

Parte III
Gestão da Comunicação: oito projetos
de intervenção bem-sucedidos

A comunicação como mediação nos museus de arte
Ana Paula Aleixo de Moura e Souza 105

A luta contra o desemprego: os portões de fogo da atualidade
Luciano Somenzari 119

Arte e mídia: a gestão da comunicação no Arte na Escola on-line
Monica Kondziolková 139

Contribuição dos cursos de especialização *lato sensu* para o desenvolvimento do campo da Comunicação
Maria Cristina Castilho Costa 153

Criando laços: a gestão da comunicação e da educação em instituições de ensino privadas
Leda Márcia Arashiro 165

Leituras ambientais na paisagem transformada
Eduardo Louis Jacob 183

O papel do imaginário na construção da identidade
Consuelo Ivo 203

Os CEUs da Prefeitura de São Paulo: comunicação no espaço de inclusão social
Cristiane Hyppolito 225

Organizadora e autores 239

Apresentação

MARIA APARECIDA BACCEGA[*]

**A práxis do campo da Comunicação
e o profissional gestor de processos comunicacionais:
conhecimento, sensibilidade e técnica como bases
para a intervenção na realidade**

Este livro é resultado de um curso inovador, instituído a partir de certa realidade que se modificava com mais velocidade que o habitual, buscando novas posturas teóricas e práticas no campo da Comunicação.

O curso de pós-graduação *lato sensu* Gestão de Processos Comunicacionais, hoje Gestão da Comunicação, teve início em julho de 1993. Seu objetivo era inserir-se nas discussões que se travavam em todo o mundo, numa quebra de paradigmas – cujo processo relaciona-se fortemente a maio de 1968 –, e conhecer como essas mudanças estavam presentes no campo da Comunicação e, portanto, na formação do comunicador, qualquer que fosse sua especialidade profissional. A importância da comunicação já se fortalecera e se desenhava a necessidade de um profissional

---

[*] Livre-docente em Comunicação pela Escola de Comunicações e Artes da Universidade de São Paulo (ECA-USP), tendo ministrado como professora e pesquisadora cursos de graduação e pós-graduação *stricto* e *lato sensu*; docente, pesquisadora e orientadora do Programa de Mestrado Comunicação e Práticas de Consumo, da Escola Superior de Propaganda e Marketing; fundadora e editora da revista *Comunicação & Educação* (USP/Paulinas), de 1994 a 2003, da qual hoje é membro do Conselho Editorial e da Comissão de Publicação. Coordenou a equipe fundadora do curso Gestão da Comunicação, além de atuar como docente e orientadora, de 1993 a 2003. Atualmente é coordenadora honorária. Disponível em: <http://lattes.cnpq.br/8872152033316612>.

para atuar em tal campo, o qual fosse capaz de harmonizar as necessidades comunicacionais das empresas, instituições ou escolas, de seus trabalhadores (hoje colaboradores), e as vozes da sociedade como um todo, com sua diversidade de culturas.

O grupo de professores da Escola de Comunicações e Artes da Universidade de São Paulo (ECA-USP), fundadores do curso, procurava sempre, em sua produção, atualizar-se quanto às transformações socioeconômicas que ocorriam (e ocorrem cada vez mais) e que tornavam diferentes os interesses de cada um dos segmentos sociais.

Os resultados dessas discussões eram publicados em pequenas "revistas" (conhecidas como "catálogos") de circulação restrita.

O grupo decidiu, então, que, para poder receber críticas, sugestões, colaborações que adensassem o processo, era necessário divulgar um pouco mais tais reflexões. Publicou-se, assim, o primeiro livro em 1993.[1]

Com circulação um pouco menos restrita que as "revistas", a edição desse livro teve grande repercussão junto aos acadêmicos do campo da Comunicação e propiciou o resultado que se desejava: receber as colaborações dos colegas.

Críticas e sugestões acolhidas, umas sim outras nem tanto, o curso Gestão de Processos Comunicacionais foi ganhando em densidade teórica e contornos mais claros sobre a prática do profissional que atuaria na área. Para essas transformações, muito colaboraram também os profissionais que, convidados a participar da banca de avaliação do projeto de intervenção dos alunos,[2] faziam suas críticas e sugestões, mostrando pontos originais e exequíveis ao lado de outros, pouco exequíveis. Dessa forma, a práxis do curso foi sendo mais bem delineada.

---

[1] BACCEGA, Maria Aparecida (org.). *Comunicação e cultura*; um novo profissional. São Paulo: CCA/ECA/USP, 1993. 74 p.
[2] Cf. aqui o artigo Novos paradigmas para a comunicação, de Maria Cristina Castilho Costa e Cláudia Nonato, p. 67.

Naquele momento, havia que trazer a público as novas reflexões. Com isso, publicou-se o segundo livro, em 2002.[3]

E agora em 2009, apresentamos o terceiro livro,[4] que, além de trazer novas contribuições, renova as anteriores, e este quarto, o qual aponta as transformações sociais que exigem permanente atualização do papel da comunicação e do comunicador.

Desde setembro de 1994, e a cada quatro meses, pontualmente, o curso traz a público a revista *Comunicação & Educação*, já em seu 13º ano, tendo editado 40 números. Essa revista começou com os mesmos objetivos do curso: fazer circular reflexões não só de participantes do curso, mas também de toda a comunidade que pensasse (e que pensa) sobre comunicação e educação, sejam acadêmicos, professores e professoras da rede de Ensino Fundamental e Médio ou Superior, pesquisadores, profissionais de Comunicação, entre outros.

A educação foi, desde as primeiras reuniões de criação do curso, preocupação fundamental. A revista muito colaborou para a emergência do campo Comunicação/Educação, que, no princípio da revista (1994), não despertava interesse nem nos educadores, nem nos comunicadores. Eram duas realidades que se opunham, de maneira inconciliável. Hoje, pode-se falar na existência desse campo e afirmar que a revista – que traz as relações entre os dois polos, mostrando as interseções e sua importância tanto na formação de cada sujeito quanto na construção do conhecimento da realidade – tornou-se referência de seu estudo e das reflexões sobre ele, tanto no Brasil quanto em outros países.

Editada por Paulinas Editora, *Comunicação & Educação* coloca-se entre as melhores revistas do País, atingindo o patamar "A Nacional", maior nível de avaliação que os órgãos competentes oficiais conferem.

---

[3] BACCEGA, Maria Aparecida (org.). *Gestão de processos comunicacionais*. São Paulo: Atlas, 2002. 174 p.
[4] COSTA, Maria Cristina; BACCEGA, Maria Aparecida (orgs.). *Gestão da Comunicação*; epistemologia e pesquisa teórica. São Paulo: Paulinas, 2009.

Navegar é preciso: eixos teórico-práticos da formação do gestor de processos comunicacionais

A importância da comunicação sempre esteve desenhada. Pode-se dizer, porém, que passou a ser mais estudada pelas áreas do saber a partir de dois fatos: o avanço da tecnologia, que, mudando os conceitos de tempo e espaço, possibilitou a ampliação da comunicação; e algum êxito na luta das culturas para terem vez e voz, como hoje se observa. Assim, nessa heterogeneidade que se instala, a comunicação, pela ruptura de tempo e espaço que a caracteriza, exerce papel fundamental de "costura", amalgamando polos às vezes díspares, às vezes complementares, visto que os atravessa com sua carga sígnica valorativa.

Tais características da macroestrutura compõem também o dia a dia da prática comunicacional. Surge aí outra concepção de profissional para atuar na área da comunicação: não mais a fragmentação da especialização, e sim a atuação que medeia a totalidade, que sabe compor, "tecer" interesses dos vários segmentos, levando em consideração o que se disse: todas as culturas (os vários segmentos) passam a ter vez e voz. Este é o lugar do novo profissional: o gestor de processos comunicacionais, que resulta do campo da Comunicação em sua inteireza e não de apenas um de seus aspectos. Sobretudo, as relações comunicação/cultura, a constituição da subjetividade e das identidades, os papéis intercambiáveis do emissor e do receptor, tudo isso concentrado no território que se desenha no encontro dos polos da emissão e da recepção, lugar onde efetivamente os sentidos se constroem, são parte importante da formação do gestor.

Desafio 1 – Emissão, recepção, linguagem: território de sentidos

Os estudos sobre Comunicação privilegiaram, durante longo tempo, o polo da "emissão"; só mais recentemente, sobretudo depois dos Estudos Culturais ingleses, tem-se destacado o polo da "recepção". São os Estudos Culturais (década de 1950, na Inglaterra) que trazem para a comunicação um novo conceito de cultura.

Esse conceito salienta a cultura que existe em todas as classes e segmentos sociais, inclusive de pobres e operários. Resgata a vida que existe na sociedade como um todo, em cujas práticas sociais manifestam-se as várias culturas.

Sob a influência das ideias de Gramsci, funda-se o Centro de Estudos de Cultura Contemporânea, em Birminghan (1964). O Centro reconhece que as obras de autores como Richard Hoggart, Raymond Williams e Edward Thompson trazem concepções fundadoras. Pouco mais adiante, outro autor que se destaca é Stuart Hall.

Porém, comunicação não é só recepção nem só emissão. No território que se constrói nesse encontro haverá marcas do emissor e do receptor. E a interpretação dessa comunicação, que se manifesta na fala e/ou no comportamento do receptor gerando novo território, é de uma complexidade que exige, para seu estudo, que se movimentem as diferentes áreas do saber, rompendo as fronteiras que as separam.

Ou seja: aquele que produz a "mensagem", que atua no polo da emissão (na mídia, em cargos oficiais, nas empresas, escolas, instituições, nas falas do cotidiano) é um sujeito o qual pertence a uma família, a uma classe social, a uma nação, a um Estado e a tantos outros "territórios" de pertencimento. Sua mensagem, portanto, será marcada por esses traços. Do outro lado, o que "recebe", o receptor, é também um sujeito, com as características sociais próprias, cuja interpretação vai corresponder àquela que faça sentido em seu universo.

A comunicação, como se vê, é sempre ponto de chegada de um largo processo de práticas culturais do receptor e do emissor, sustentadas pelos signos, e que lhe permitem formular, por um lado, e compreender, por outro, a partir delas, o que o sujeito vê, ouve ou lê. Ao mesmo tempo é ponto de partida de um processo sobre o qual não se pode ter controle. Como círculos que se formam na água quando atiramos uma pedra, a influência da mensagem recebida, interpretada e manifestada vai se expandindo de vários modos, abrangendo outros receptores, encontrando-se com diferentes processos de comunicação em curso, quer seja do próprio sujeito, quer dos outros sujeitos sociais. Assim se vai desenhando a influência dos meios de comunicação na sociedade, sua importância na trama da cultura.

O profissional, para efetivar a gestão da comunicação com êxito, terá de perceber este processo: as marcas do emitido não traduzem exatamente o que o emissor falou, escreveu, desenhou, em sua plenitude, nem o que o receptor interpretou. Quanto ao receptor, vale destacar que, a partir da mensagem recebida, é ele quem vai dar continuidade ao processo comunicacional, tornando-se então emissor.

A mudança do papel do receptor para emissor é que garante a perenidade da comunicação, sempre nova, nunca concluída. As linguagens são o sustentáculo dessa dinâmica e seu conhecimento, nos aspectos filosóficos, sociológicos, entre outros, é indispensável ao gestor.

Como lembra Maria Lourdes Motter,[5] membro da equipe fundadora do curso, cujos ensinamentos continuam entre nós:

> [...] atuar no universo da comunicação enquanto atividade profissional, sobretudo visando à intervenção no espaço das relações de trabalho/produção das empresas e instituições, e escolas, pressupõe um repensar sobre a linguagem que inclui repensar o ser com e pela linguagem,

---

[5] Maria Lourdes Motter (1941-2007) foi professora livre-docente da Escola de Comunicações e Artes da Universidade de São Paulo (ECA-USP). Especialista em linguagens, deixou seu apreciado exemplo e importante contribuição nos estudos de gestão e de telenovela, de cujo Centro de Pesquisa era pesquisadora destacada.

para só então pensar o agente mediador entre linguagens de sujeitos colocados em diferentes posições no sistema comunicacional objeto, com um sentido de justiça e ética.[6]

São várias as linguagens que compõem o campo da Comunicação. O eixo dessas linguagens é o verbal, pois a palavra, por ser um signo neutro, penetra todas as relações sociais, assumindo sentido e carga valorativa de acordo com seu uso. Ela está presente e "costura" todas as relações entre indivíduos, está em quaisquer situações, vividas ou planejadas, na vida cotidiana, nas atividades políticas, nas relações de trabalho etc.

> As palavras são tecidas a partir de uma multidão de fios ideológicos e servem de trama a todas as relações sociais em todos os domínios. É portanto claro que a palavra será sempre o *indicador* mais sensível de todas as transformações sociais, mesmo daquelas que apenas despontam, que ainda não tomaram forma.[7]

As "transformações sociais", que, contemporaneamente, são rápidas e fluidas demais, fazem parte das primeiras preocupações do gestor: não só as que ocorrem na macroestrutura, como também que resultados, que mudanças tais "transformações sociais" acarretam no nível da empresa, escola ou instituição. O gestor sempre parte da realidade em movimento para garantir seu êxito. O conhecimento das características da linguagem verbal muito colaboram.

Para os estudos e a prática dos processos comunicacionais, nem só a emissão nem a recepção: o homem vive e se forma na práxis, da qual é parte integrante.

Eis aí o primeiro passo para desenhar o campo de atuação do gestor de comunicação. Ele há que levar em consideração as

---

[6] MOTTER, Maria Lourdes. Campo da comunicação; cotidiano e linguagem. In: BACCEGA, Maria Aparecida (org.). *Gestão de processos comunicacionais.* cit., p. 45.
[7] BAKHTIN, Mikhail. *Marxismo e filosofia da linguagem.* São Paulo: Hucitec, 1988. p. 28.

mudanças que caracterizam a contemporaneidade, ter uma visão totalizadora dos problemas da sociedade, para compreender que comunicação e cultura se entrelaçam, redimensionando-se o conceito e a prática comunicacional.

Desafio 2 – Da informação ao conhecimento

O gestor não trabalha com informação. Trabalha com conhecimento, e informação não é conhecimento. Poderá até ser um passo importante. O conhecimento implica crítica. Ele se baseia na inter-relação, e não na fragmentação.

O conhecimento é um processo que prevê a condição de reelaborar o que vem como um "dado", possibilitando que não sejamos meros reprodutores; inclui a capacidade de elaborações novas, permitindo reconhecer, trazer à superfície o que ainda é virtual, o que, na sociedade como um todo, no seu local de trabalho, no cotidiano, está ainda mal desenhado, com contornos borrados. Para tanto, o conhecimento prevê a construção de uma visão que totalize os fatos, inter-relacionando todas as esferas, percebendo que o que está acontecendo em cada uma delas é resultado da dinâmica que faz com que todas interajam; permite perceber, enfim, que os diversos fenômenos presentes na vida social, no local de trabalho, na vida diária estabelecem suas relações, tendo como referência o todo. Para tanto, as informações – fragmentadas – não são suficientes.

Só o conhecimento permite o exercício do papel de mediador, indispensável ao gestor, o qual há de ser capaz de cumprir esse papel, utilizando-se, com o mesmo peso, da sensibilidade e da técnica, como alertava desde as primeiras reuniões Virgílio Noya Pinto,[8] também um dos fundadores do curso, cujo legado nos

---

[8] Virgílio Noya Pinto (1929-2007) foi professor titular da Escola de Comunicações e Artes da Universidade de São Paulo (ECA-USP). Especialista em Comunicação e Cultura, deixou a todos os seus alunos e colegas a convicção da importância da

rege. A formação do gestor de processos comunicacionais não pretende a especialização profissional, que muitas vezes leva o indivíduo a um mesmo recorte da realidade, e, por isso, acaba por se apresentar como uma estrutura repetida e repetidora. Ao contrário, busca a inter-relação, a dinâmica, o conhecimento.

Esse comunicador há de ser capaz de perceber, distanciando-se e envolvendo-se, a dinâmica da vida social, a gestação do novo manifestada no cotidiano, a "diassincronia" manifestada nas interações, as tecnologias como mediadoras privilegiadas pela condição que têm de modificar e ampliar, redimensionando, a própria vida social.

Percebe-se que essas são características do campo da Comunicação, que é o que sustenta, do ponto de vista da reflexão, da teoria, da metodologia, da epistemologia, o profissional gestor. Para que isso ocorra, é necessário romper as barreiras das disciplinas, sem descaracterizar-lhes a especificidade; possibilitar uma sólida formação humanística, na base de um humanismo renovado, que permita ao profissional perceber a ação interativa das questões sociais; oferecer-lhe condições de alargamento da sensibilidade, sem a qual ele não conseguirá abandonar o automatismo das decisões prontas, num mero gesto de reprodução. Tudo com objetivos claros, num processo de inter-relação com a sociedade.

Hoje as empresas, escolas, instituições não precisam somente do especialista, precisam, sobretudo, de um profissional que saiba planejar, gerenciar a comunicação, que consiga reger as opções profissionais, os interesses da empresa, escola e instituições, dos colaboradores e das vozes da sociedade, como maestro de uma grande orquestra.

O mercado não está esperando os profissionais que as escolas, em geral, supõem, ou seja, a dinâmica social não garante

---

comunicação e, sobretudo, da comunicação que respeita e se propõe a ajudar a construir uma nova variável histórica.

a estabilidade de nenhuma profissão; logo, se a formação dada pela escola for específica, é quase certo que os postos de trabalho previamente desenhados não estarão esperando os novos profissionais. A turbulência contínua e a fluidez permanente colocam a necessidade de um profissional de comunicação que consiga, amparando suas reflexões no complexo campo comunicacional, efetivamente dar voz a todos aqueles que se conjugam dentro ou fora das escolas, empresas ou instituições.

Desafio 3 – Tecnologia e mediação

Outra discussão indispensável à formação do gestor de processos comunicacionais é quanto à questão da tecnologia.

As palavras "técnica" e "tecnologia", segundo o Dicionário Houaiss, podem ser usadas indistintamente, embora técnica remeta aos procedimentos ligados a uma arte ou ciência, e tecnologia aponte para a teoria geral e/ou estudo sistemático sobre as técnicas e processos.[9] Hoje, as duas palavras têm sido usadas uma pela outra.

Muitos trazem um encantamento desenraizado com relação à tecnologia. Ela resolverá todos os problemas da humanidade, todos aqueles que o homem ainda não conseguiu resolver, é o que murmuram. Outros a consideram "obra do demo", e bradam que ela serve apenas para prejudicar; logo, dela todos devem manter-se afastados.

Nem uma coisa nem outra. A presença da tecnologia é de suma importância, mas nem é a solução final dos problemas, nem significa o "fim da história", nem dela devemos nos afastar.

A desmistificação dessas posturas torna-se necessária para a produção de conhecimento, a qual só é possível com a quebra

---

[9] HOUAISS, Antônio. *Dicionário da língua portuguesa*. Rio de janeiro: Objetiva, 2001. p. 2683.

dos padrões mentalmente estruturados e solidificados na cultura, que transmitem uma visão quase metafísica da tecnologia. Como diz Milton Santos:[10]

> [...] a técnica apresenta-se ao homem comum como um mistério e uma banalidade. De fato, a técnica é mais aceita do que compreendida. Como tudo parece dela depender, ela se apresenta como uma necessidade universal, uma presença indiscutível, dotada de uma força quase divina à qual os homens acabam se rendendo sem buscar entendê-la.

Isso porque a técnica acompanha o homem desde que ele tomou consciência de si e, portanto, de suas limitações, em comparação com os demais animais existentes. Para voar, nadar, correr mais de 110 km/h, entre outras coisas, ele precisou desenvolver "aparelhos", "próteses" que lhe permitiram não apenas competir com os demais animais, mas também ultrapassá-los no âmbito das aptidões de que eram portadores, visto que o homem, a partir de sua condição de planejar, de acumular conhecimento e repassá-lo, aprimora o seu contexto, aprimorando-se.

Como diz Rüdiger,[11] "as técnicas não engendram efeitos por si só; seu poder não é direto, nem automático: elas atuam em meio a outros fatores, de ordem não técnica, com os quais formam blocos, sujeitos a todo tipo de composição". E os fatores de ordem "não técnica" são sempre inúmeros e poderosos. Seu conhecimento é indispensável à boa atuação do gestor.

Por outro lado, a tecnologia, com sua característica de ser praticamente o ponto central em torno do qual, hoje, giram as mediações, está possibilitando transformações rápidas nos sujeitos.

---

[10] SANTOS, Milton. *Por uma outra globalização*; do pensamento único à consciência universal. Rio de Janeiro: Record, 2007. p. 45.
[11] RÜDIGER, Franciso. Cibercultura, filosofia da técnica e civilização maquinística: fundamentos da crítica ao pensamento tecnológico. In: ESCOSTEGUY, Ana Carolina (org.). *Comunicação, cultura e mediações tecnológicas*. Porto Alegre: EDIPUCRS, 2006. pp. 82-103.

E mais: na contemporaneidade pode-se dizer que a tecnologia é a base sem a qual não teria sido possível a globalização tal qual a conhecemos hoje, pois, sem os avanços tecnológicos, não poderíamos ter a divulgação do chamado "pensamento único", nem ter, tão rapidamente, as narrativas que corroboram, figurativamente, esse pensamento, e que são contadas, com o mesmo ponto de vista, em todo o planeta.

Também é o avanço tecnológico que responde pela acumulação flexível do capital, característica da época contemporânea. Com raízes no avanço das tecnologias voltadas à produção, eliminou-se o estoque e trabalha-se *just in time*, possibilitando também a aceleração da produção e a consequente necessidade de aceleração do consumo.

O que chegam aos sujeitos receptores são as edições de imagem ou texto. Surgem em tempo real e oferecem, pronta, a leitura da História, levando a percebê-la do ponto de vista escolhido por quem trouxe o fato. Percebe-se então que a interferência da tecnologia no jogo das mediações torna-a responsável pela construção do real em que se vive. O real foi convertido no virtual como se fosse "real", isto é, vive-se a presença, ao mesmo tempo, do efeito de real e da ilusão referencial[12] (ficção e realidade), que leva à existência não mais de autores – sujeitos que constroem realidades –, e sim de autores implícitos,[13] aqueles que, hoje, inferem dos simulacros,[14] das virtualidades. Recria-se de acordo com o que a tecnologia difunde como real, possibilitando ao sujeito uma participação que se pode apontar como ilusão referencial. Quem participa pode ser o "outro" de cada um, que cada um cria; e que vive pouco, uma vez que as identidades hoje são fluidas. Nesse jogo de espelhos, o gestor atua.

---

[12] BARTHES, Roland. O discurso da história; o efeito de real. In: *O rumor da língua*. São Paulo: Brasiliense, 1988.
[13] Estendemos o conceito de BOOTH, Wayne C. *A retórica da ficção*. Lisboa: Arcádia, 1980.
[14] BAUDRILLARD, Jean. *Simulacros e simulação*. Lisboa: Relógio d'Água, 1991.

Desafio 4 – Território, tempo e espaço: novos conceitos, novos modos de pertencimento, novas identidades

A tecnologia trouxe também novos modos de pertencimento, novas identidades: são identidades menos extensas quanto às temporalidades, precárias quanto à permanência, flexíveis quanto às respostas às interpelações, abertas, enfim, a uma infinidade de universos culturais. A manifestação dessas identidades se dá no cotidiano, espaço de relaxamento, de coexistência e cooperação, de intimidade, que possibilita a intersubjetividade. É o espaço da espontaneidade, da surpresa, da condição de reestruturação, lenta e permanente, dos sistemas constituídos: seja para sua reafirmação sob nova roupagem, o que lhe garante a permanência, seja para sua reforma e até para sua substituição por outros sistemas que sejam considerados mais adequados à sociedade como um todo. Logo, o cotidiano é espaço a ser privilegiado pelo gestor em seu trabalho de comunicação.

É a fluidez, o desenraizamento, a vida líquida de que fala Bauman em suas obras. Para ele, hoje: "Velocidade, e não duração, é o que importa. Com a velocidade certa, pode-se consumir toda a eternidade do presente contínuo da vida terrena. Ou pelo menos é isso que 'o lumpen-proletariado espiritual' tenta e espera alcançar".[15]

Quando se reflete sobre as identidades, a impressão mais forte é aquela que diz que apenas o mundo influi sobre os lugares, numa relação de mão única, como se os lugares, os espaços de cotidiano dos grupos, não tivessem importância, não significassem nada na nova realidade. Evidentemente, essa é uma falsa impressão.

As pessoas moram num lugar e nele, com ele e a partir dele interagem com o mundo, reconstruindo-o. Para isso, todos têm que ter voz.

---

[15] BAUMAN, Zigmunt. *Vida líquida*. Rio de Janeiro: Zahar, 2007. p. 15.

Hoje, habita-se a praça eletrônica, novo modo de estar juntos, substituta da ágora grega, das feiras populares. O tempo não se conta mais pelo apito da fábrica ou pelo sino da igreja, as trocas materiais e simbólicas não ocorrem mais ao redor do coreto, o "outro" não é mais o morador do bairro vizinho ou da cidade vizinha ou do povoado vizinho. O longe ficou perto. O distante está na sala de nossas casas.

O mercado, lugar de diálogo, foi substituído pelo hipermercado, um não lugar onde se "conversa" com placas e com máquinas.

Há mesmo uma nova identidade. Bem mais fluida que a anterior,[16] pois muda de acordo com o modo que o sujeito é interpelado nos seus vários universos culturais, essa nova identidade manifesta-se na forma de identificação. A identificação não é automática. Também não é permanente. É mais superficial, transforma-se sempre, está sempre em processo, sempre em andamento. Esse sujeito a quem o gestor se dirige no âmbito da empresa, escola ou instituição, ou no âmbito da sociedade, utiliza-se das várias linguagens de suas muitas e "momentâneas" identificações.

É preciso que o gestor tenha sempre presente a clareza das virtualidades, dos simulacros que povoam o cotidiano de todos os sujeitos, os quais são enredados – quer queiram, quer não; tenham consciência ou não – nessa nova trama da cultura por participarem deste ecossistema comunicativo, no qual vivemos.

Desafio 5 – Quatro telas: novos territórios, novo *sensorium,* novo sujeito

De tudo isso, resulta um novo *sensorium* que até recentemente estava relacionado à existência das telas do cinema, geração dos avós, e da televisão, característica da formação dos pais.

---

[16] HALL, Stuart. *A identidade cultural na pós-modernidade.* Rio de Janeiro: DP&A, 2006.

Agora, acrescenta-se uma terceira às duas anteriores: a tela do computador. A geração atual já nasceu na fase das três telas; no entanto, vive, segundo Castro, com uma outra tela: a do celular, o qual, segundo ela:

> [...] em muitos casos tem substituído o computador como porta de entrada no mundo virtual, por ser mais barato e de acesso mais fácil para classes mais baixas. Por exemplo, jovens baixam músicas e trocam mensagens de texto (torpedos) através de seus celulares, unindo mobilidade e ubiquidade.[17]

Assim se modificou a noção de território. Para André Lemos,[18] tal noção já não deve ser mais entendida apenas como espaço físico e jurídico:

> Definimos território através da ideia de controle sobre fronteiras, podendo essas serem físicas, sociais, simbólicas, culturais, subjetivas. Criar um território é controlar processos que se dão no interior dessas fronteiras. Desterritorializar é, por sua vez, se movimentar nessas fronteiras, criar linhas de fuga, ressignificar o inscrito e o instituído.

Nesses novos territórios surgem outras formas de vivenciar a identidade de pertencimento, começando pelas maneiras diferentes de estar junto. É neste espaço que o gestor de processos comunicacionais atua. Para que tenha êxito, torna-se indispensável conhecer sua configuração e transmutações permanentes.

Só a condição de praticar todas as identidades compõe, hoje, a plena cidadania. E isso serve tanto para o gestor como para todos os envolvidos nos projetos a que ele se dedica. Para isso, o sujeito tem que dominar o maior número possível de linguagens,

---

[17] CASTRO, Gisela. A importância da tecnologia para os estudos de comunicação e consumo. Seminário interno do Programa de Mestrado Comunicação e Práticas de Consumo, ESPM, São Paulo. Palestra ocorrida no dia 7 de novembro de 2007.
[18] LEMOS, André. Ciberespaço e tecnologias móveis; processos de territorialização e desterritorialização na cibercultura. In: MÉDOLA, Ana Sílvia et al. (orgs.). *Imagem, visibilidade e cultura midiática*. Livro da XV Compós. Porto Alegre: Sulina , 2007. pp. 277-293.

de códigos – muitos comportamentais e tantos outros dependentes diretos de tecnologia –, quer como produtor quer como receptor. O "lugar" do sujeito está diretamente relacionado à práxis.

Esses produtos culturais que respondem aos diversos territórios nos quais os jovens circulam e com cujos membros dialogam serão o resultado da inter, poli e transdisciplinaridade,[19] indispensável numa realidade em que os muros que separam os campos de conhecimento foram derrubados (embora cada campo guarde sua especificidade), numa tentativa de aproximação da intrincada sociedade contemporânea. Eis a complexidade das reflexões no campo da comunicação e da formação e atuação do gestor de processos comunicacionais.

Na América Latina, até os setores marginalizados da sociedade já fazem uso das novas tecnologias, principalmente dos celulares, sobretudo o pré-pago. E, atualmente, também dos computadores nos telecentros que o poder público vem espalhando pela cidade, sobretudo nos bairros mais pobres. Sem falar nas *lan houses*[20] que, apesar de pagas, se disseminam rapidamente nos bairros periféricos de São Paulo.

A formação do cidadão inclui, portanto, a questão tecnológica: não apenas a introdução de computadores (objeto), para seu uso, e sim a inserção do sujeito na cultura contemporânea – com conhecimento, com crítica –, na qual as telas, os computadores, a internet desempenham forte papel. É através da internet, por exemplo, que se formam comunidades, grupos, tribos, com membros de várias partes do mundo. É aí que está a ágora contemporânea, as praças e os jardins. Aí residem as identidades.

---

[19] MORIN, Edgar. *A cabeça bem feita*; repensar a reforma, reformar o pensamento. Rio de Janeiro: Bertrand Brasil, 2000. pp. 105ss.
[20] BREDARIOLI, Cláudia. Comunicação em rede, novos agentes socializadores e recepção/práticas culturais: o consumo de Internet em *lan houses* na periferia de São Paulo. Dissertação de mestrado. ESPM, São Paulo, 2 abr. 2008. 114 p.

Terra à vista

A produção social de sentidos, característica básica da comunicação, transformou-se com a tecnologia: a memória comum, a cultura compartilhada estão bem mais difusas. O território no qual os sentidos são construídos, encontro do emissor e do receptor, está muito mais complexo. Ele é hoje o lugar de morada e de manifestação de uma pluralidade de vozes – as vozes dos vários territórios por onde se espalha a memória, vozes das várias identidades do sujeito.

Trata-se de um outro sujeito. Nem melhor nem pior. Diferente.

Para Orozco:

> Nessa direção, adquire pleno sentido a proposta de formar um novo profissional da comunicação, um gestor comunicacional. Um profissional que, justamente por sua formação, se libere do deslumbramento tecnológico para ver além das tecnologias concretas; que possa enxergar a tecnicidade social homogeneizante que impera atualmente. Um profissional capaz de construir um compromisso não meramente instrumental, e sim político-cultural e educativo com a sociedade, com a comunicação e a cultura de seu tempo. Um profissional que não se forme em áreas de estudos compartimentadas, fragmentadas, que obedecem aos imperativos da eficiência mercantil, e sim um profissional formado em convergências, em cruzamentos disciplinares e metodológicos, reflexivo e analítico, capaz de integrar, avaliar e, sobretudo, fomentar suas ações na sociedade e a partir da sociedade toda.[21]

As questões não estão e nunca estarão resolvidas. O desafio de uma leitura competente e crítica da sociedade contemporânea continua. É permanente e carrega sempre as transformações sociais.

Para caminhar pelo menos próximo dessas transformações sociais, o curso Gestão da Comunicação se rediscute, reorganiza-

---

[21] OROZCO GOMEZ, Guillermo. Apresentação. BACCEGA, Maria Aparecida (org). *Gestão de processos comunicacionais*, cit., p. 13.

-se,[22] testa os novos rumos, as novas práticas de comunicação que tais transformações trazem no seu bojo. Importante é sempre colocar tais mudanças para discussão, para críticas e sugestões; mostrar em que ponto do caminho estão as reflexões sobre o campo da comunicação, lugar da práxis do gestor.

É o que faz, mais uma vez, este livro, organizado pela coordenadora do curso, dra. Maria Cristina Costa, cuja leitura crítica certamente possibilitará que novas sugestões apareçam e adensem ainda mais o conteúdo do curso.

A obra se divide em três partes. Na Parte I (Planejamento e metodologia dos projetos de intervenção), há dois artigos que esclarecem em que ponto existem as reflexões sobre planejamento: Planejamento de Projetos de Gestão Comunicativa, de Ismar de Oliveira Soares, e A pesquisa em Gestão da Comunicação. Por onde começar?, de Richard Romancini. A Parte II (Novos paradigmas para a comunicação: uma experiência empírica de formação profissional) foi desenvolvida por Maria Cristina Costa e Cláudia Nonato. Os projetos de intervenção aparecem na Parte III (Gestão da Comunicação: oito projetos de intervenção bem-sucedidos), sendo um deles ligado a empresas, três a escolas (educação) e quatro a instituições.

---

[22] A organização administrativa do curso, de reconhecida qualidade e indispensável ao bom desempenho acadêmico, vem sendo coordenada, desde o princípio, pela secretária Sandra Caxeta.

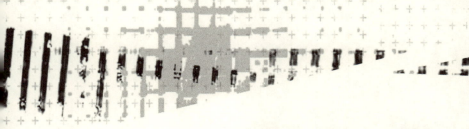

Parte I
Planejamento e metodologia dos projetos de intervenção

Planejamento de Projetos de Gestão Comunicativa

Ismar de Oliveira Soares[*]

O presente texto pretende ser uma sistematização de conceitos e referências metodológicas a serviço da formação do gestor de processos comunicacionais, enquanto planejador e avaliador de planos, programas e projetos na área da Comunicação.

Natureza política do planejamento

Comunicação como objeto do planejamento, perspectiva histórica

O planejamento e a avaliação de projetos na área da Comunicação tornaram-se uma prática comum nos anos 1970 e 1980, no contexto do que ficou conhecido, na América Latina, como comunicação para o desenvolvimento. O tema do desenvolvimento surgiu como uma preocupação importante, em todo o mundo, logo após a Segunda Grande Guerra, não apenas diante da premência de se reconstruir a Europa (com a ajuda dos países do Terceiro Mundo, fornecedores de alimentos e de matérias-primas a preços aviltados), mas também da necessidade de justificar o próprio envolvimento dos aliados no conflito: a ideologia segundo a qual a paz seria fruto da segurança que

---

[*] Professor do Núcleo de Planejamento e Avaliação do Curso de Gestão da Comunicação da ECA/USP. Coordenador do Núcleo de Comunicação e Educação. Vice-presidente do Comitê Gestor da Lei Educom, no Município de São Paulo. Membro do International Institute of Journalism and Communication (IIJC), de Genebra, Suíça. Membro do Pontifício Conselho para a Comunicação Social do Vaticano.

uma economia forte daria a todos os países e a todos os homens. Para tanto, haveria que "planejar", e organismos internacionais – tais como a Unesco, o FMI, o Bird, a FAO, a OMS, a OIT e a Cepal[1] – estariam disponíveis para assessorar e ajudar os países e os grupos nacionais na superação de seus problemas.

Como era de esperar, a recuperação veio rápido para as nações do Primeiro Mundo, enquanto a América Latina, a África e a Ásia continuaram amargando as mesmas dificuldades, agora agravadas pelas concessões que foram obrigadas a fazer para a recuperação da Europa. Nesse sentido, a partir dos anos 1950, assistiu-se, por um lado, a um clamor generalizado de governos e instituições dos países pobres, especialmente da África, por auxílio em campos específicos de sua economia, e, por outro, a uma busca autônoma por caminhos próprios de desenvolvimento, como ocorreu na América Latina, com seus programas de planejamento industrial.

As políticas de planejamento econômico conduzidas por governos com o apoio da burguesia industrial passaram, contudo, a ser criticadas tanto pela direita liberal, por fomentar excessiva intervenção do Estado nos destinos da economia, quanto pela esquerda, por produzir dependências e polarizações no interior dos países. Já a partir dos anos 1970, a tendência hegemônica passou a ser a neoliberal, depois da derrota pelas armas das poucas tentativas de surgimento de regimes políticos defensores de planejamentos centralizados.[2]

---

[1] Organização das Nações Unidas para a Educação, a Ciência e a Cultura (Unesco); Fundo Monetário Internacional (FMI); Banco Internacional para a Reconstrução e o Desenvolvimento (Bird); Organização das Nações Unidas para a Agricultura e o Desenvolvimento (FAO); Organização Mundial da Saúde (OMS); Organização Internacional do Trabalho (OIT); Comissão Econômica para a América Latina (Cepal).
[2] Casos exemplares foram os da revolução de Perón, na Argentina, de Velasco, no Peru, e de Allende, no Chile. No Brasil, a quartelada de 1964 justificou-se como autodefesa contra um possível centralismo econômico decorrente das "reformas de base" propostas por João Goulart ("Nós os almoçamos antes que nos jantassem",

Nos anos 1990, sob pressão da sociedade civil, ganhou força e legitimidade um discurso em favor da preservação do planeta, agora afetado pela sofreguidão com que seus recursos naturais estavam sendo esgotados e pela maneira inconsequente com que a biosfera vinha sendo desequilibrada e destruída. Falava-se, então, em planejamento para uma "economia sustentável", advogando-se, para tanto, a associação entre o Estado, o mercado e a sociedade civil em favor do desenvolvimento.

Caminhou nessa linha – ganhando ainda maior legitimidade nos dias atuais – o Programa das Nações Unidas para o Desenvolvimento (PNUD), para o qual uma "economia sustentável" é o que assegura a satisfação das necessidades do presente sem comprometer a capacidade das futuras gerações de satisfazer a suas próprias carências e necessidades. Para o PNUD, o desenvolvimento é um processo destinado a ampliar a gama de opções das pessoas, oferecendo-lhes maiores oportunidades de educação, atenção médica, salário e emprego. Nesse sentido, o conceito de desenvolvimento não mais é concebido como algo inerente apenas à esfera das macropolíticas, mas atinge também o microcosmos dos grupos humanos, levando as pessoas a contar com vida longa e saudável, aquisição de conhecimentos e habilidades e acesso aos recursos necessários para usufruir de uma vida decente.[3]

O campo da Comunicação não se manteve alheio aos debates em torno da democratização das oportunidades. A própria Unesco animou as discussões ao propiciar a realização de estudos e encontros internacionais que ajudaram a configurar as propostas

---

afirmou o coronel Jarbas Passarinho, justificando o golpe de 31 de março). Por mais de duas décadas, os militares nacionalistas seguiram reafirmando a política da intervenção do Estado por meio de grandes obras no setor energético e das telecomunicações, objetivando favorecer as empresas privadas que lhes garantiam fidelidade político-ideológica. Com a "redemocratização", passou-se à abertura do mercado e às privatizações, assumidas como consequência natural da modernização do Estado.

[3] CASTENEDA, Armas. *Imaginándonos el futuro*; la comunicación como estrategia para el desarrollo. Lima: Centro de Educação y Comunicación, 1995. pp. 6-7.

de uma "nova ordem mundial" da informação e da comunicação, conhecida sob a sigla Nomic. Um dos objetivos da mobilização era facilitar o diálogo entre as nações e ajudar a esclarecer o papel que poderiam desempenhar os meios de informação na implementação dos planos nacionais de desenvolvimento.[4]

Enquanto projeto político-cultural sustentado por Estados nacionais, a Nomic fracassou. Na verdade, a adesão dos Estados-membros da Unesco foi mais retórica que prática. Por outro lado, países ricos – como os Estados Unidos, a Inglaterra, o Japão e a Holanda – viram nas propostas um risco a suas práticas de difusão e comercialização de bens culturais, fato que os levou a retirar seu apoio financeiro à Unesco. Não restam dúvidas, contudo, de que os princípios relativos a uma ordem mais democrática e participativa no planejamento da comunicação em projetos de desenvolvimento acabaram gerando uma onda de práticas alternativas conduzidas por organizações não governamentais, especialmente na América Latina.

Ao longo dos anos 1970 e 1980, numerosos grupos do denominado "movimento popular", e instituições sem fins de lucro, conhecidas como Organizações Não Governamentais (ONGs),[5] passaram a incorporar a comunicação como componente essencial de seus projetos e programas. O fato propiciou a emergência de uma teia constituída por micromeios que garantiam a circulação de informações, mesmo nos momentos mais agudos da repressão ou nos instantes em que os veículos massivos, comprometidos com outros princípios ideológicos, deixavam de informar sobre temas de interesse desses grupos. Assim: combateu-se a repressão, promoveu-se o ideário ecológico e garantiu-se o reconhecimento

---

[4] MACBRIDE, Sean et al. *Un solo mundo*: vozes múltiples. México: Fondo de Cultura, 1987. p. 62.
[5] Nos anos 1990, as ONGs já haviam obtido reconhecimento público, constituindo verdadeiro fenômeno social (TENÓRIO, Fernando. Gestão social: uma perspectiva conceitual. *Revista de Administração Pública*. Rio de Janeiro; Fundação Getulio Vargas, 32 [5], pp. 7-23, set./out. 1998).

de um papel mais preponderante para a mulher na sociedade. O trabalho dos planejadores desse período foi facilitado pelo esforço de sistematização assumido pelo Centro Internacional de Estúdios Superiores de Comunicación para América Latina (Ciespal), com sede em Quito, Equador, mediante seminários e publicações em torno do tema, como os textos do argentino Daniel Prieto Castillo, do brasileiro Luiz Gonzaga Mota e do chileno Eduardo Contreras.[6]

Algumas das causas patrocinadas pelo denominado movimento popular, e que encontraram resistência por parte das instituições públicas nos anos 1970 e 1980, passaram a ser paulatinamente reconhecidas e legitimadas, nos anos 1990, como, de um lado, o "movimento ecológico" (tema da Conferência Rio/92, com a presença de chefes de Estado de 180 países) e, de outro, a conversão da análise crítica da mídia em programa educativo (projetos de "educação para a comunicação", voltados para a mobilização das audiências e sua confrontação com o sistema de meios de comunicação), objeto oficialmente incorporado aos parâmetros curriculares de boa parte dos países da Ásia, Europa, América Latina e América do Norte, incluindo Canadá e Estados Unidos, sob o conceito de *media education* ou de *media literacy*.[7]

Ao longo dos últimos 25 anos, o tema do planejamento de propostas mais democráticas e participativas de comunicação vem sendo rotineiramente assumido pelos planejadores de ações, visando à intervenção na realidade social tanto em nível macrossocial – como o das políticas nacionais de comunicação – quanto em níveis microssociais, especialmente no que se refere às estratégias de ação das ONGs ou das comunidades locais.

---

[6] Ver: CASTILLO, Daniel Prieto. *Diagnóstico de comunicación*. Quito: Ciespal, 1985; MOTA, Luiz Gonzaga. *Planificación de la comunicación en proyectos participativos*. Quito: Ciespal, 1985, e CONTRERAS, Eduardo. *Evaluación de proyectos de comunicación*. Quito: Ciespal, 1985.

[7] SOARES, Ismar de Oliveira. Educomunicación: comunicación y tecnologías de la información en la reforma de la enseñanza americana. *Diálogos de la Comunicación*, Lima: Felafacs, n. 59/60, pp. 137-152, out. 2000.

A título de exemplo, vimos nascer, no Brasil, no início dos anos 1980, o Fórum por Políticas Democráticas de Comunicação, liderado pela Federação Nacional dos Jornalistas (Fenaj), que alcançou interferir nas negociações em torno da lei de TV por Cabo, obtendo espaço para emissoras comunitárias e educativas em todas as concessões de TV por cabo instaladas em cada município brasileiro). Em outro contexto, ganhou relevância, no final dos anos 1990, a proposta de concepção de um "Sistema Nacional de Comunicação Descentralizada", proposto pelo Ministério do Desenvolvimento Humano da Bolívia, destinada a favorecer a circulação de informações no interior dos municípios e entre estes, especialmente no que fosse relacionado aos programas destinados a favorecer a promoção humana e o desenvolvimento dos direitos dos cidadãos.[8]

O tema ganhou a universidade, tomando a comunicação como uma "mediação cultural" e o profissional do campo, como um analista ou um gestor de processos comunicacionais.[9] A proposta entendia o conceito "gestão" como designativo de um

---

[8] SECRETARIA NACIONAL de Participación Popular. Ministerio de Desarrollo Humano. *Comunicación sin centro, senas y sueños para descentralizar la comunicación y democratizarla.* La Paz, 1997.

[9] Em 1990, um grupo de organizações não governamentais e de instituições de ensino superior da Argentina, Bolívia, Brasil, Chile, Colômbia e México, sob o impacto da necessidade de oferecer uma alternativa aos programas de pós-graduação em vigência, no campo da comunicação social, decidiu, em reuniões que se sucederam em La Paz (1990), Porto Alegre (1991) e Santa Cruz de La Sierra (1993), criar o Programa Latinoamericano de Formación Superior en Planificación y Gestión de Procesos Comunicacionales (Plangesco). Duas experiências acabaram sendo implantadas, mantendo-se vigentes até o presente momento: uma na Argentina, em nível de mestrado, criado inicialmente numa parceria entre a Universidad Nacional de la Plata e a organização não governamental La Crujía, e outra no Departamento de Comunicações e Artes da ECA/USP (Curso de Especialização *lato sensu* em Gestão da Comunicação). Em cada uma das propostas em desenvolvimento, os alunos são estimulados e preparados para planejar, executar e avaliar projetos na área da inter-relação entre Comunicação Social e Cultura, resgatando tradição consolidada, especialmente pelo trabalho das organizações não governamentais e dos trabalhadores do denominado Terceiro Setor. Uma tradição que parte do princípio defendido por Juan Bordenave, segundo o qual "planejar é, sobretudo, um ato político". O autor deste artigo atuou na Secretaria Executiva do Plangesco entre 1993 e 1997.

processo integral de ação comunicativa que incluía diagnóstico, planejamento e avaliação.[10]

No mundo empresarial, papel importante passaram a exercer, nesse contexto, as denominadas organizações do terceiro setor, entendidas como agentes não econômicos e não estatais que procuram atuar, coletiva e formalmente, para o bem-estar de uma comunidade ou sociedade local, sub-regional ou regional, nacional ou internacional, através da ação coletiva formal que pressupõe a democratização de sua maneira de agir, visando à emancipação da pessoa humana enquanto sujeito social, sob o exercício da cidadania.[11]

Na verdade, o espaço que o terceiro setor vem ocupando tem-se mostrado de tamanha relevância, que instituições de controle e fomento creditício procuram ou estimulam governos a utilizar esses agentes sociais como instrumentos de implantação, acompanhamento e avaliação de políticas públicas. Foi o que ocorreu durante a Primeira Reunião entre os Chefes de Estado e de Governo da América Latina e Caribe e da União Europeia, realizada no Rio de Janeiro, em junho de 1999. Na ocasião, entre os 69 itens adotados como resolução final, destaca-se o item 21, que afirma: "Deve-se ressaltar a importância da contribuição de novos atores, parceiros e recursos da sociedade civil com o objetivo de consolidar a democracia, o desenvolvimento social e econômico, bem como aprofundar o respeito aos direitos humanos".[12]

Por outro lado, dados de pesquisa realizada, no final da década de 1990, pelo Centro de Estudos em Administração do terceiro setor da Universidade de São Paulo (Ceats-USP), garan-

---

[10] A literatura sobre o tema inclui trabalhos como o de FESTA e SILVA (*Comunicação popular e alternativa no Brasil*. São Paulo: Paulus, 1986), FALKEMBACH (*Planejamento participativo e movimentos sociais*. Ijuí: Ed. Unijuí, 1987), assim como o livro de PERUZZO (*Comunicação nos movimentos populares*. Petrópolis: Vozes, 1998).
[11] TENÓRIO, op. cit.
[12] DECLARAÇÃO do Rio de Janeiro. *Jornal do Brasil*, 30.06.1999. Caderno 1, p. 15.

tem que 56% das empresas em operação no Brasil (entidades do denominado segundo setor) têm investido em programas e atividades de cunho social ou comunitário e na promoção de trabalhos voluntários entre seus funcionários. Tais fatos levam a crer que aumenta a sensibilidade dos agentes sociais para os problemas que anteriormente preocupavam, sobretudo, as organizações não governamentais. Para autores como Fernando Tenório, o terceiro setor já tem institucionalizado seu espaço na sociedade contemporânea, devendo, contudo, atuar sob uma epistemologia diferente daquela do mercado:

> Enquanto o segundo setor atua através do enfoque monológico, estratégico, no qual suas ações são calculadas e utilitaristas, implementadas através da interação de duas ou mais pessoas na qual uma delas tem autoridade formal sobre a(s) outra(s), o terceiro setor deve atuar numa perspectiva dealógica, comunicativa, na qual suas ações devem ser implementadas por meio da intersubjetividade racional dos diferentes sujeitos sociais a partir das esferas públicas em espaços organizados da sociedade civil, a fim de fortalecer o exercício da cidadania deliberativa.[13]

Planejar, um ato político

As práticas tradicionais de planejamento são identificadas por Bordenave e Carvalho, pioneiros no tratamento do tema, no Brasil, como uma "engenharia de alienação", o que significa dizer que, o simples fato de se armarem esquemas de planejamento sem a necessária seriedade profissional e a adequada vigilância com relação às necessidades reais de sua realização e aos fundamentos teóricos e metodológicos que os devem sustentar, pode levar ao engodo de que "basta planejar para se ter progresso".[14]

Bordenave e Carvalho chamam a atenção sobre a dificuldade de conceber e desenvolver projetos pela ótica de uma gestão demo-

---

[13] TENÓRIO, op. cit., p. 17.
[14] BORDENAVE, Juan Diaz; CARVALHO, Horácio Martins. *Planejamento e comunicação*. Rio de Janeiro: Paz e Terra, 1979. p. 137.

crática e humanizadora de processos comunicacionais, uma vez que toda tentativa nesse sentido padecerá de inúmeras distorções, destacando-se, dentre elas, a própria dificuldade conceitual de estabelecer marcos de referência para um tipo de comunicação que se distancie da perspectiva funcionalista tradicional. A fala dos autores situa-se no tempo em que o discurso sobre a comunicação alternativo-popular tinha audiência. Imagina-se que, hoje, as dificuldades sejam ainda maiores, num momento em que o pensamento neoliberal torna-se hegemônico, desqualificando todo o esforço no sentido de ver os fenômenos da comunicação para além da ótica do mercado.

Ante o exposto, torna-se necessário um permanente cuidado epistemológico e uma busca contínua de coerência na implementação de processos de planejamento da comunicação. Esse é o principal papel do gestor de processos comunicacionais.

O papel do gestor

Para melhor explicitação da natureza política do trabalho do gestor de comunicação, torna-se indispensável identificar os campos de atuação do comunicador como "planejador". Algumas alternativas de sua atuação profissional podem ser assim enunciadas:

a) participar de equipes profissionais de elaboração e controle de políticas nacionais (ou regionais) de comunicação;[15]

b) desenvolver atividades profissionais relacionadas com o que várias agências internacionais de desenvolvimento denominaram de "componentes de comunicação dos projetos de desenvolvimento";

---

[15] É o que ocorre, por exemplo, com os funcionários do Ministério do Meio Ambiente na implementação do programa dos Coletivos Educadores, mediante a difusão do conceito da Educomunicação Socioambiental.

c) elaborar programas[16] e/ou projetos[17] de comunicação para o desenvolvimento;

d) integrar equipe interprofissional para a elaboração e implantação de programas ou projetos da área da Comunicação voltados para atender a demandas específicas de promoção humana e social, de interesse coletivo;

e) assessorar, no âmbito da educomunicação, o sistema de educação, incluindo nesse contexto, departamentos ou setores de Secretarias de Educação, Meio Ambiente, Saúde, Cultura, assim como editoras, emissoras de rádio ou de TV, ou, mesmo, professores e alunos em sala de aula;

f) inserir-se numa comunidade, colocando seu saber tecnológico à disposição da população, para que ela pratique uma comunicação mediatizada por veículos de mídia ou de alcance comunitário (o comunicador como assessor de movimento popular).

Em cada uma dessas funções, o gestor de processos comunicacionais necessita colocar o problema de sua funcionalidade histórica.

O planejamento como "engenharia de alienação"

Planejar é uma das funções primordiais do comunicador. Seja quando se propõe a preparar uma reportagem, um anúncio

---

[16] Por "programa" entende-se um componente de um plano global, ou seja, um conjunto de proposições estratégicas dedicadas a agrupar decisões por áreas de ação semelhantes sob o mesmo título. Por exemplo: um Plano de Formação para a Cidadania do Ministério da Educação pode subdividir-se em dois Programas: I – "Programa de educação formal através da rede escolar"; II – "Programa de educação não formal através da rede de emissoras educativas". Um programa estratégico de ação pode ser operacionalizado por meio de projetos.

[17] Por "projeto" entende-se a produção de determinado bem ou serviço previsto num programa dado. É específico, pormenorizando uma operação em todos os seus detalhes econômicos e técnicos, previsto para ser realizado em espaços limitados de tempo. Exemplo: o "Programa de educação não formal através da rede de emissoras educativas" poderá ser desdobrado em inúmeros projetos, cada um deles representando um conjunto de ações específicas, como, por exemplo, duas ou mais séries televisivas, destinadas ao desenvolvimento de conteúdos particulares.

publicitário, um programa de rádio, o noticiário que será exibido na TV, uma plataforma virtual destinada à educação a distância ou, ainda, um plano de trabalho para uma empresa.

O planejador da comunicação pode fazer seu trabalho enquanto empregado de um setor público, de uma empresa, de uma escola, de uma pequena ONG e, também, como um empreendedor de um projeto que acaba de conceber. Em qualquer dos casos, é de supor que o profissional tenha condições de exercer total controle sobre o tratamento dos processos comunicativos. Deverá, contudo, estar ciente de que existe uma expectativa social para o resultado de seu trabalho, o que implicará, em consequência, uma reorientação permanente de sua ação: seu patrão, em qualquer caso, é, antes, o beneficiário de seu trabalho (as crianças que formam a audiência, no caso um programa de TV) e, somente depois, o gestor ou administrador da empresa (no caso, o diretor do programa). Sendo assim, o compromisso ético de fazer algo que beneficie o público paira sobre qualquer compromisso econômico ante os patrocinadores.

No presente artigo, lembramos que cabe ao gestor de comunicação, compromissado com o direito que a sociedade tem a um bom serviço na área, subverter a norma vigente em pelo menos dois aspectos: primeiro, que, ao planejar, tenha como referência a própria sociedade e suas necessidades à luz daquilo que o debate público em torno da realidade permite perceber; e, segundo, que crie mecanismos que lhe permitam ouvir as audiências, garantindo uma maior participação possível dos interessados tanto na produção quanto na recepção das mensagens ou dos resultados de seu trabalho.

Estamos falando do planejamento no espaço e nos limites do que o Curso de Especialização do Departamento de Comunicações e Artes da ECA entende por "gestão comunicativa". Estamos falando a partir de uma concepção que admite a importância e a necessidade de ampliar as mediações sociais no ato de comunicar. Trata-se de uma proposta válida – a seu modo (isto é, com as adaptações que se fizerem necessárias para que seja admitida) – para todo e qualquer âmbito do trabalho em comunidades, quer em empresas, grupos religiosos, escolas e universidades, quer nas pequenas ONGs. Estamos falando de uma proposta de gestão participativa dos próprios processos de planejamento, que certamente fará a diferença, mesmo nos ambientes mais fechados e rígidos, como os empresariais e religiosos, mais herméticos por sua própria natureza funcional.

Renunciamos, enfim, a uma abordagem metodológica da prática do planejamento baseada no mito já denunciado por Bordenave e Carvalho, de que basta planejar para se ter resultados. Chegam a afirmar, este autores, que as práticas tradicionais de planejamento identificadas com formas descendentes de se tomar decisões, centradas no poder de pequenos grupos numa dada comunidade, não são outra coisa que "engenharia de alienação", o que significa dizer que, para muitos setores, o simples fato de se armar esquemas de planejamento sem a necessária seriedade profissional, a adequada vigilância com relação às necessidades reais de sua realização e um sistema de consulta aos interessados no processo pode levar a muitos engodos:

> A simples abordagem metodológica do processo de planejamento, como uma das lógicas possíveis de estímulo à ação social racionalizada, poderia induzir o leitor a uma visão ingênua – e por que não dizer mitológica – do papel que representa o planejamento como instrumento de modernização da organização social.[18]

Ante o exposto, faz-se necessário compreender a natureza do ato de planejar e as implicações das diferentes perspectivas que se abrem para o profissional.

---

[18] BORDENAVE; CARVALHO, op. cit., p. 137.

Para quem se planeja?

A problemática do planejamento da comunicação pode ser ampliada ao se mudar o enfoque tradicionalmente dado ao problema. Assim, em vez de o comunicador apenas situar-se como um "técnico" a serviço de um cliente, pronto a aplicar um roteiro pré-desenhado, deve ele indagar-se sobre sua função social e sobre os procedimentos que tornariam mais representativa sua ação.

Será, assim, possível, por exemplo, a um gestor de comunicação descobrir que "o planejamento da comunicação não se restringe a aumentar a eficiência e eficácia das relações de produção vigentes na sociedade. Pode – o que é bem provável – ensejar que a própria prática da comunicação só se efetivará caso essas relações sejam alteradas".[19] Em outras palavras: existe um função política no planejamento, além de uma função meramente técnica.

A partir dessa perspectiva, o uso da comunicação pode significar, do ponto de vista do planejamento, distintas situações, cada uma delas abrangendo determinada complexidade e trazendo internamente contradições diferentes. Podemos considerar, fundamentalmente, como exemplos, duas situações teoricamente antagônicas.

Uma primeira, em que o gestor parte do pressuposto de que a comunicação se reduz apenas a um conjunto de instrumentos e técnicas a serviço da difusão de informações e da persuasão ou mobilização de grupos humanos (*targets*). Trata-se de uma definição estreita e reducionista de comunicação, mesmo quando a causa é socialmente válida.[20] No caso, cabe-lhe promover o

---
[19] Ibid., p. 147.
[20] "Pode-se observar que o planejamento do uso da comunicação (sem entrar na análise da mensagem) envolve simultaneamente dimensões econômicas, políticas e sociais, as quais, em resumo, são determinadas pelo modo de produção vigente na sociedade. Discorrer sobre os métodos e técnicas de planejamento, sem revelar esses aspectos, é transformar o planejamento num instrumento estéril, um mito, como se a metodologia em si pudesse ser transformadora. Essa crença ocorreu durante muitas décadas,

questionamento desta postura, na tentativa de ampliar os sujeitos dos processos de planejamento.

Uma segunda, em que o profissional parte do reconhecimento da natureza midiática do fenômeno comunicacional que revela o caráter fundador de fenômenos sociais próprios do ato de comunicar. Nesse sentido, caberá ao gestor reafirmar o caráter democrático da comunicação e consolidar a expectativa de que a palavra pertence a todos os interessados no processo de planejamento. Para tanto, será oportuno que o profissional se preocupe em:

a) criar condições político-sociais através de um procedimento ascendente de consulta e tomada de decisões;

b) encontrar, dentre inúmeras alternativas, aquelas que ampliem a eficiência e eficácia do uso da comunicação pelo maior número possível de agentes envolvidos nos processos em formação e em seu desenvolvimento;

c) desenvolver mecanismos de implantação de planos, programas e projetos que garantam fidelidade às proposições definidas democraticamente nos planejamentos elaborados;

d) tornar os procedimentos de controle e realimentação da execução de planos e projetos suficientemente flexíveis para que permitam a crítica e a réplica às ações em andamento.

As posturas enumeradas, ao apontarem para a natureza cultural e política da comunicação, denunciam, por outro lado, o caráter tecnicista das "metodologias", tidas como instrumentos milagrosos para o empreendimento social, e apontam para a urgência de se encontrarem novos caminhos de efetiva participação de todos os segmentos interessados nos processos de planejamento e avaliação.

---

quando se considerava o método científico como isento de ideologia, ou a prática científica distanciada da política" (BORDENAVE; CARVALHO, op. cit., p. 149).

Tal condução do processo de planejamento responde à pergunta: para quem se planeja? Se a resposta revelar que o planejamento foi concebido em gabinete, centrado numa única pessoa ou num grupo que represente a chefia, pode servir aos propósitos mais diversos, mas é deficiente justamente por contradizer o sentido do conceito da comunicação – "por em comum" –, não correspondendo à expectativa de uma gestão democrática e participativa de seus procedimentos.

Um caso paradigmático que colocou em tela o confronto entre procedimentos diretivos, de um lado, e participativos, de outro, ocorreu recentemente quando o editor da revista *Viração*,[21] especializada em trabalhar a produção noticiosa elaborada com a intervenção de jovens comunicadores, viu-se na necessidade de contar com um patrocínio que garantisse a ida e a permanência, em Brasília, em maio de 2008, por quinze dias, de um grupo de 50 adolescentes vindos de todas as regiões do País para a cobertura jornalística da Conferência Nacional da Juventude. A oferta imediatamente apresentada para consideração veio de uma grande empresa que havia sido criticada pela mesma revista, em números anteriores, por graves atitudes poluidoras. O confronto entre necessidade e busca de coerência na escolha dos instrumentos para o planejamento levou o editor a promover uma consulta entre os membros dos coletivos de jovens educomunicadores vinculados ao projeto, e a decisão final surpreendeu: os jovens preferiram o sacrifício de não contar com a ajuda que lhes facilitaria a vida, em vez de romperem a coerência de suas ações. Somente um processo de planejamento horizontal foi capaz de garantir a excelência do resultado alcançado. A reafirmação de um procedimento, numa atitude formativa forjada na própria ação de planejar, produziu como resultado um fato que jamais sairá da memória de cada um dos jovens que participou do processo.

---

[21] Disponível em: <http://www.revistaviracao.com.br/>.

O exemplo radical da revista *Viração* dificilmente se aplicaria à maioria dos casos em que o mercado entrega a uma determinada agência a tarefa de decidir autonomamente sobre os caminhos de sua própria comunicação com os presumíveis clientes, desconsiderando a necessária coerência entre o que a empresa comunica e o que ela faz, ou entre o que ela propõe e os problemas que seus produtos venham a causar aos incautos. Isso é o que leva, hoje, a própria a sociedade a promover leis de vigilância sobre o conteúdo de certos apelos publicitários que contrariam a racionalidade do uso dos recursos naturais ou que propagam hábitos que prejudicam a saúde de milhões de pessoas. Se a sociedade fosse ouvida mais vezes, certamente tais leis não se tornariam necessárias. Isso ocorre simplesmente porque a consulta e o planejamento participativo não fazem parte da cartilha desses equipamentos de produção independente de comunicação e marketing.

Planejamento da comunicação

Modelos de processos de planejamento

A experiência aponta para dois modelos básicos de planejamento: o descendente e o ascendente.

A opção por um ou outro modelo pode ser feita mesmo diante da decisão de tornar participativo o processo de planejamento. Trata-se, tão somente, da escolha mais adequada para que o projeto em pauta se torne eficiente na solução do problema em questão e exequível no contexto em que será operado.

Procedimento do planejamento descendente

A preparação de um plano pelo procedimento do "planejamento descendente" segue, na descrição de Bordenave e Carvalho, as seguintes fases:

- definição de diretrizes e objetivos;
- fixação de metas globais e setoriais;
- elaboração de programas setoriais (ou de projetos específicos);
- produção definitiva do plano;
- redação do documento final.

Definição de diretrizes e objetivos

Para cada problema ou conjunto de problemas detectados num determinado contexto econômico e social, e que se pretende solucionar de forma planejada, torna-se necessário sugerir alternativas de solução, tendo em vista facilitar a tomada de decisões (fase de diagnóstico e prognóstico). De maneira geral, nas primeiras fases do processo de elaboração de um plano, as decisões se consubstanciam em objetivos a serem alcançados no final do prazo de execução do plano.

Essas decisões globais, de sentido estratégico, deverão considerar, além dos antecedentes que permitam a formulação do diagnóstico e prognóstico:

- a filosofia ou política de ação adotada pelos órgãos de decisão superiores;
- prioridade dos problemas a serem solucionados;
- recursos e prazos disponíveis;
- viabilidade política e administrativa.

Fixação das metas globais e setoriais provisórias

Os objetivos e as diretrizes na fase anterior permitirão a determinação das metas globais e setoriais provisórias.

De maneira geral, as metas vão se apoiar nos princípios da demanda e da oferta localizados para o período estimado do plano e nos objetivos anteriormente especificados.

O resultado dessas opções políticas é o estabelecimento de uma meta desejável (enquanto provisória), distinta numérica e qualitativamente do resultado estimado para a mesma variável, calculado através da projeção da tendência histórica.

Os testes de *coerência intermediária* procuram verificar se, no período em que se pretende executar o plano, há coerência entre as diferentes metas anuais a serem alcançadas, tanto na produção de produtos finais como de insumos e serviços, e as exigências das metas estabelecidas para os anos subsequentes.

Os testes de *coerências posteriores* se relacionam com o estudo das consequências (positiva ou negativa) de implantação do plano num período posterior a ele.

Com a maior especificação das metas, torna-se indispensável rigor na determinação dos prazos.

Se o plano descer ao nível de proposições regionais, deverão também ser aplicados para cada região e inter-regionalmente os testes de coerência citados anteriormente.

Elaboração de programas setoriais e/ou de projetos específicos

Os programas são instrumentos do processo de planejamento que procuram demonstrar a melhor alocação de recursos, no tempo e no espaço, para um conjunto homogêneo de metas estabelecidas. Assim, tendo-se fixado as metas setoriais, se deverão elaborar *tantos projetos* quantos forem necessários para englobar todas as metas de cada setor econômico e social.

Produção definitiva do plano

A definição de diretrizes gerais e dos objetivos permite orientar a determinação das metas globais e setoriais. Essas metas globais e setoriais provisórias devem ser submetidas a testes de coerência que facilitem observar a consistência entre proposições efetuadas num nível ainda geral de decisão. O estudo da coerência no patamar das metas globais e setoriais se verifica através de um processo de aproximações sucessivas, de caráter dedutivo, facilitando a verificação de disparidades ou inconsistências no conjunto das decisões. Atingindo o grau de confiança previamente estipulado pela coerência entre as metas globais e setoriais, passa-se para a fase de elaboração de programas setoriais onde se pretende desenvolver, com maior grau de precisão, decisões que tendam a otimizar os recursos, tanto do ponto de vista econômico como do social, levando em conta as alternativas de prazos e localizações.

Cuidados exigidos pelo planejamento de rentabilidade financeira

Os projetos na área da Comunicação podem ser concebidos como:

- produção de serviços de rentabilidade financeira;
- produção de serviços de rentabilidade social.

Os projetos de rentabilidade financeira situam-se geralmente no âmbito do planejamento descendente. A maior parte da imprensa falada, escrita e televisionada, dos filmes para cinema, da produção simbólica para a propaganda, da arte do cartaz, dos *folders*, das produções em vídeo etc. é produzida tendo em vista a rentabilidade financeira dos investimentos. São projetos comerciais e comerciáveis. Seu desenvolvimento é encomendado por empresas do setor público ou privado.

Já os projetos de rentabilidade social apresentam uma dimensão distinta daquela oferecida pelos projetos que visam rentabilidade financeira. Voltam-se para cobrir objetivos humanitários, políticos, culturais e educacionais, podendo igualmente advir de um projeto descendente ou constituir experiência de planejamento ascendente.

Um projeto de natureza econômica deve ser elaborado a partir da perspectiva de que os recursos são insuficientes para atender a todas as necessidades previstas. Dessa forma, o que se busca na elaboração de um projeto é demonstrar que a produção de um serviço é mais vantajosa que outra, ou seja, que este será produzido em situações mais vantajosas, em face das prioridades estabelecidas e do potencial de recursos disponíveis. Entra-se no campo da competição e da concorrência.

Redação do documento final

A redação final de uma peça de planejamento pode seguir o esquema proposto por Bordenave e Carvalho, apresentando os seguintes itens:

1. Gênese e antecedentes do projeto, incluindo suas justificativas ou razões.
2. Patrocinadores.
3. Clientela.
4. Alcance (geográfico e temático).
5. Objetivos.
6. Delineamento do projeto, incluindo bases pedagógicas.
7. Contexto institucional e organização.
8. Meios de comunicação utilizados.
9. Mecanismos de difusão e utilização das mensagens.
10. Utilização de pesquisa e de avaliação.

Quando o elenco de projetos específicos apresenta coerência entre si e se compatibilizam com os objetivos e metas globais, o plano com seus programas já pode ser submetido às autoridades competentes para torná-lo efetivado no quadro das decisões.

Somente a partir da sua aprovação pelas instâncias políticas superiores é que o plano adquire caráter definitivo, evidentemente, para o período a que se propõe.

Procedimento do planejamento ascendente ou participativo

As várias fases do planejamento descendente, que acabamos de descrever, podem ser adaptadas ao planejamento ascendente, isto é, aquele que parte da consulta aos agentes partícipes da produção e da recepção dos resultados.

Intervenção indireta

Torna-se cada vez mais comum, nos tempos atuais, nas economias onde predomina a iniciativa privada, o uso do modelo ascendente ou participativo de planejamento. Sendo indireta a forma de atuação governamental, também se tornam indiretos os procedimentos que objetivam otimizar o uso dos recursos da sociedade.

Por outro lado, difundiram-se muito, a partir das experiências de comunicação alternativo-popular dos anos 1970 e 1980, as modalidades ascendentes de pesquisa e tomada de decisões, no que se refere à implantação de planos, programas e projetos.

Planejamento participativo

O planejamento é ascendente ou participativo quando leva à elaboração de planos, programas e projetos que, atendendo a necessidades e objetivos de comunidades, são desenhados com a observação de normas que facultam a intervenção dos próprios usuários ou beneficiários do produto final.

Nessas condições, o planejamento participativo exige a adoção de uma metodologia sobre a qual todos os elementos envolvidos nos processos necessitam manter permanente vigilância:

a democratização dos modos e formas de conduzir as diversas fases do processo.

Sob a *ótica da participação*, devem ser operacionalizadas:

- a elaboração do diagnóstico global inicial que aponte para a necessidade de algum processo de planejamento, pelo método da pesquisa-participante;
- a identificação da comunidade "sujeito/objeto do planejamento", assim como dos organismos ou instituições que deverão estar envolvidas no processo de planejamento;
- a identificação das autoridades do processo de planejamento e definição dos papéis a serem cumpridos por líderes naturais ou institucionais e pelos assessores técnicos;
- a elaboração dos instrumentos para coleta de dados em vista;
- a identificação dos problemas de fundo e dos problemas decorrentes;
- a identificação das expectativas e desejos dos setores interessados;
- a coleta de dados;
- a elaboração de instrumentos para a realização das sínteses;
- a elaboração de sínteses que possibilitem uma visão clara:
  - da situação em que os problemas se apresentam;
  - da hierarquia das necessidades que emergem da situação conhecida;
  - das expectativas dos setores envolvidos com os problemas detectados;
  - das soluções para os diversos problemas apontadas pelas comunidades;
- a definição das prioridades e identificação das reais possibilidades de êxito na implementação de planos, programas e projetos;
- a elaboração de um plano global de trabalho;
- a elaboração de programas de ação;

- a elaboração, dentro de cada programa, de projetos específicos;
- a elaboração de instrumentos para a promoção da avaliação.

Os vários elementos apontados podem ser encontrados, alguns de forma mais explícita que outros, no relato da experiência de pesquisa e planejamento participativo do *Plano de Educação Rural Integrada*, promovido, nos meados nos anos 1980, pela Secretaria de Educação do Ceará em convênio com o Instituto Interamericano de Cooperação para a Agricultura, em quatro municípios do interior do Estado.[22]

Quanto à redação final do documento, recomenda-se seguir o mesmo esquema proposto para os planejamentos descendentes, incluindo-se o que for específico da modalidade participativa.

Instrumentos do planejamento

Garantida a opção política por um planejamento (descendente ou ascendente), o trabalho operacional de criar planos, programas e projetos na área da Comunicação exige o uso de instrumentos facilitadores do processo, tornando-o inteligível. Trata-se de um trabalho para o qual se necessita da habilidade específica do gestor de processos comunicacionais. Assim:

Instrumentos relacionados com o diagnóstico

a) *Diagnóstico macroestrutural* (estudo da natureza macrogeopolítica e econômico-cultural sobre a realidade contextual).

b) *Diagnóstico da situação específica* (estudo de necessidades a partir do contexto desenhado na análise de conjuntura).

c) *Prognóstico da situação específica* (levantamento de hipóteses sobre possíveis soluções para as carências apontadas no diagnóstico da situação específica).

---

[22] O texto é de Manuel Alberto Argumedo e foi publicado no opúsculo *Participação; rito ou prática de classe?* Ijuí: Ed. Unijui, 1986. pp. 119-150.

Instrumentos relacionados à pesquisa acadêmica

O Curso de Gestão da Comunicação da ECA/USP, por situar--se em nível de especialização (pós-graduação *lato sensu*), entende que uma experiência da pesquisa acadêmica deve ser realizada concomitantemente ao esforço de elaborar o diagnóstico e de planejar um projeto de intervenção em dada realidade.

Nesse sentido, dois núcleos temáticos foram introduzidos no programa: um sobre teorias da comunicação e outro sobre metodologias de pesquisa em comunicação. O objetivo dessa reflexão epistemológica é permitir ao aluno que, saindo da superficialidade própria de quem admite, mesmo sem ter tido tempo de pensar sobre o assunto, que não existe outra teoria da comunicação a não ser o funcionalismo, nem outra metodologia senão as regras estabelecidas para a comunicação persuasória de cunho behaviorista, é possível vislumbrar a possibilidade de construir programas a partir de uma visão midiática das relações comunicativas, à luz do pensamento contemporâneo.

No caso específico dos projetos elaborados como exercício de planejamento da ação comunicativa, exige-se que a proposta de intervenção seja necessariamente precedida de uma pesquisa de cunho acadêmico sobre o objeto em análise. Nesse sentido, busca-se garantir que as metodologias da pesquisa acadêmica em comunicação ajudem o planejador, oferecendo-lhe instrumentos de observação da realidade, dando lógica a seu pensamento e emprestando credibilidade aos dados com os quais pretende trabalhar.

Instrumentos relacionados com a execução dos planos

Elaborado um plano, um programa ou um projeto e aprovado pela instância decisória, faz-se necessário iniciar uma fase muito delicada quanto aos aspectos técnicos e administrativos de implantação.

A atenção deve ser redobrada quando o que foi aprovado não corresponde ao que foi inicialmente planejado. Ou quando, em situação mais complicada, a verba aprovada não é suficiente para cumprir todas as metas estabelecidas e devidamente aprovadas pela autoridade.

No caso, o que costuma prevalecer é o que se denomina *plano operativo* acompanhado de seu *orçamento-programa*. Trata-se do plano, programa ou projeto lido a partir da verba disponível. O "Plano Operativo" tem os seguintes propósitos:[23]

a) estabelecer as bases para determinar os objetivos a serem cumpridos nas diversas fases do planejamento global;

b) enfrentar as situações conjunturais com as medidas mais apropriadas para garantir a melhor direção do processo econômico e social;

c) tornar possível a organização de um sistema de informação estatística, para que os dados fluam normal e oportunamente.

O outro instrumento de execução é o "Orçamento-Programa". É a peça fundamental para a operacionalização dos planos e programas. Sem o orçamento-programa, dificilmente se poderá implantar um plano, tendo em vista que sempre será indispensável o uso de recursos financeiros.

Instrumentos relacionados com o acompanhamento e controle

O sucesso da implantação de planos, programas e projetos depende da eficiência da avaliação em processo. Os órgãos, as equipes ou os técnicos que atuam em acompanhamento e controle têm como finalidade produzir indicadores indispensáveis ao acompanhamento e controle de resultados das atividades desenvolvidas, a partir das disposições dos planos, programas

---

[23] AMADO, Antônio Augusto Oliveira. *Planejamento operativo anual e orçamento do setor público*. Brasília: Ipea Inor, 1976. pp. 9-10. Mimeografado.

ou projetos de ação, bem como oferecer subsídios ao contínuo processo de planejamento e tomada de decisões gerenciais.

Alguns dos procedimentos mais utilizados são:

- identificação dos indicadores;
- escolha das fichas e formulários de acompanhamento;
- elaboração e análise de relatórios;
- produção e análise de pareceres elaborados por especialistas.

Conclusão

O planejamento pode ser entendido como o processo sistematizado pelo qual se dá maior eficiência a uma atividade para, num prazo maior ou menor, alcançar o conjunto de metas estabelecidas.

Como processo, o planejamento é um conjunto de fases pelas quais se realiza uma operação. Sendo um conjunto de fases, sua realização não é aleatória, mas articulada, e obedece a relações precisas de interdependência que o caracterizam como um sistema.

O conjunto de fases que caracteriza o processo pode ser representado pelo *diagnóstico* ***da realidade*** (para o que uma pesquisa com o rigor da metodologia acadêmica poderá ajudar muito); *definição da **natureza do planejamento*** (descendente ou ascendente); *definição dos **procedimentos**; elaboração do **projeto*** (detalhamento das fases, descrição do orçamento, cronograma etc.) e **avaliação** (indicação dos processos de acompanhamento e avaliação).

Nessas condições, o planejamento participativo exige a adoção de uma metodologia sobre a qual todos os elementos envolvidos no processo necessitam manter permanente vigilância: a democratização dos modos e formas de conduzir as diversas fases do processo.

Referências bibliográficas

AMADO, Antônio Augusto Oliveira. *Planejamento operativo anual e orçamento do setor público*. Brasília: Ipea Inor, 1976. pp. 9-10. Mimeografado.

ARGUMEDO, Manuel Alberto. *Participação*; rito ou prática de classe? Ijuí: Ed. Unijuí, 1986.

ARMANI, Domingos. *Como elaborar projetos?* Porto Alegre: Tomo Editorial, 2002.

BARBIER, Jean-Marie. *Elaboração de projectos de acção e planificação*. Porto: Porto Editora, 1993.

BORDENAVE, Juan Diaz; CARVALHO, Horácio Martins. *Planejamento e comunicação*. Rio de Janeiro: Paz e Terra, 1979.

CASTENEDA, Armas. *Imaginándonos el futuro*; la comunicación como estrategia para el desarrollo. Lima: Centro de Educación y Comunicación, 1995.

CASTILLO, Daniel Prieto. *Diagnóstico de comunicación*. Quito: Ciespal, 1985.

CONTRERAS, Eduardo. *Evaluación de proyectos de comunicación*; cuestiones conceptuales. Quito: Ciespal, 1985. v. 1.

COSTA, Maria Cristina Castilho (org.). *Gestão da Comunicação*. São Paulo: Atlas, 2006.

FALKEMBACH, Elza Maria Fonseca. *Planejamento participativo e movimentos sociais*. Ijuí: Ed. Unijuí, 1987.

FERNANDES, Rubem César. *Privado porém público*; o terceiro setor na América Latina. Rio de Janeiro: Relume Dumará, 1994.

FERREIRA, Francisco Whitaker. *Planejamento sim e não*. São Paulo: Paz e Terra, 1992.

FESTA, Regina; SILVA, Carlos Eduardo (orgs.). *Comunicação popular e alternativa no Brasil*. São Paulo: Paulus, 1986.

GONÇALVES, Hebe Signorini (org.). *Organizações não governamentais*; solução e problema. São Paulo: Estação Liberdade, 1996.

HENRIQUES, Márcio Simeone (org.). *Comunicação e estratégia de mobilização social*. Belo Horizonte: Gênesis, 2002. Contato: <genesisfundacao@yahoo.com.br>.

KISIL, Marcos. Depoimento: responsabilidade social, terceiro setor, parceria e sustentabilidade. In: FÍGARO, Roseli. *Gestão da Comunicação*. São Paulo: Atlas, 2006.

MACBRIDE, Sean et al. *Un solo mundo*: voces múltiples. México: Fondo de Cultura, 1987.

MEREGE, Luiz Carlos (coord.); BARBOSA, Maria Nazaré (org.). *Terceiro setor*; reflexão sobre o marco legal. Rio de Janeiro: Fundação Getulio Vargas, 1998.

MOTA, Luiz Gonzaga. *Planificación de la comunicación en proyectos participativos*. Quito: Ciespal, 1985.

MOTTER, Maria de Lourdes. Organizações não governamentais; espaço de construção e prática da cidadania. In: COSTA, Maria Cristina Castilho (org). *Gestão da Comunicação*. São Paulo: Atlas, 2006.

PERUZZO, Cicília Maria Krohling. *Comunicação nos movimentos populares*. Petrópolis: Vozes, 1998.

SOARES, Ismar de Oliveira. Educomunicación: comunicación y tecnologías de la información en la reforma de la enseñanza americana. *Diálogos de la Comunicación*. Lima: Felafacs, n. 59/60, pp. 137-152, out. 2000.

_____. Educomunicação no mundo empresarial. *Revista Líderes*, São Paulo, pp. 60-61, fev. 2008. Disponível em: <http://www.lideres.com.br>.

SOARES, Ismar de Oliveira; FERRAZ, Luci. Voluntários, terceiro setor e Gestão da Comunicação. In: COSTA, Maria Cristina Castilho (org.). *Gestão da Comunicação*. São Paulo: Atlas, 2006.

TENÓRIO, Fernando. Gestão social; uma perspectiva conceitual. *Revista de Administração Pública*. Rio de Janeiro: Fundação Getulio Vargas, 32 (5), pp. 7-23, set./out. 1998.

A pesquisa em Gestão da Comunicação. Por onde começar?

RICHARD ROMANCINI*

Quando um professor de arte distribui folhas em branco para um grupo de crianças, todas conseguem desenhar, por vezes, com um grau notável de expressividade. Nenhuma criança diz que "não sabe" desenhar – elas não se preocupam com isso, apenas se expressam. O resultado da livre exploração dos materiais e de seu universo simbólico, por parte das crianças, é que, em alto grau, elas alcançam significativa congruência na relação entre o que são (seu mundo interior, preocupações etc.) e seus trabalhos. O desenho é, portanto, uma manifestação bastante fiel, nos planos da forma e do conteúdo, de uma subjetividade. Não por acaso, vários artistas, como Miró, afirmaram o desejo de desenhar como as crianças.

Folhas em branco são dadas a jovens e os resultados são, em índice elevado, desenhos estereotipados (com a nítida influência do imaginário da indústria cultural, com seus heróis e cartuns) e provavelmente pobres em expressão pessoal. Já quando as folhas são distribuídas a adultos... Grande parte diz, simplesmente, que não sabe desenhar.

O que ocorre nesse processo, no qual a passagem dos anos parece revelar um desaprendizado tão frequente e desestimulan-

---

* Doutor em Ciências da Comunicação pela USP (Universidade de São Paulo) e jornalista. É pesquisador do Centro de Estudos do Campo da Comunicação (Cecom-ECA/USP), docente do curso Gestão da Comunicação e da Faculdade de Educação e Cultura Montessori (Famec).

te? Suponho que a razão seja parecida com a que faz as crianças manifestarem uma viva curiosidade e permanente indagação quanto às coisas do mundo que, em certa medida, se associa ao pensamento científico.[1] Os pais que não se cansam de ouvir os "porquês" de seus filhos, sabem do que falo. Todavia, os anos passam e o sujeito torna-se cada vez menos curioso e interrogativo.

Dito isso, neste texto em que gostaria de refletir sobre por onde começar e que caminhos trilhar durante a realização de uma pesquisa, voltando-me especificamente ao contexto da pós-graduação *lato sensu* Gestão da Comunicação e ao papel da sua Metodologia de Pesquisa, creio que o ponto inicial, por parte do discente, é maximizar ou recuperar a curiosidade. A postura interrogativa ante o mundo, naturalmente voltada aos aspectos comunicacionais que estruturam hoje as sociedades globalizadas e que interessam particularmente ao curso, deve se colocar como um elemento fundamental no desenvolvimento dos estudos. Ao mesmo tempo que deve também, muito fortemente, pautar a relação do estudante com o tema e o objeto de pesquisa escolhidos por ele.

Trata-se, assim, de estimular ao máximo a atitude de "quero saber" em detrimento do "não sei". Isso se relaciona a um interesse nos conteúdos dos cursos/disciplinas dos diferentes módulos, em suas leituras e trabalhos solicitados; a empreender buscas bibliográficas específicas; a discutir em alto nível com os colegas, professores e o orientador, ou seja, a desenvolver uma participação que vai muito além do estudo como formalidade vazia, "burocrática". Creio que é válido destacar o quanto o ambiente do curso de Gestão da Comunicação

---

[1] Teixeira Coelho, partindo de categorias de Peirce, afirma também a proximidade das crianças com a "consciência simbólica" – a que procura as causas das coisas, operando em contínuas explorações de "porquês" interligados. É esse o tipo de consciência mobilizado pela prática científica. Vide COELHO, Teixeira. *O que é indústria cultural*. 12. ed. São Paulo: Brasiliense, 1989.

procura favorecer essas práticas. Desse modo, há uma relação respeitosa entre docentes e discentes, mas nunca fechada ao diálogo nem fria. Além disso, a Biblioteca da Escola de Comunicações e Artes da USP (cujo uso é franqueado aos alunos do curso) possui um dos melhores acervos ligados aos estudos de comunicação do país.

É o conjunto de aspectos descritos que garante uma positiva (trans)formação no discente. Esta é observada, com muita clareza, entre uma situação inicial, de menor domínio conceitual e prático para produzir conhecimentos e gerar situações de mudanças, para outra, posterior, bem mais madura e positiva. O processo culmina e sintetiza-se na monografia de conclusão de curso, que compreende a pesquisa feita pelo aluno e a proposta de intervenção no problema de sua escolha, a partir do saber conquistado durante o ciclo de formação.

A unidade de ambas as tarefas compreende o que chamamos com frequência de "projeto" do aluno. Este se torna melhor e útil quanto maior o interesse, a intensidade de relação e – por que não – a paixão e amorosidade que existem entre o investigador e seu objeto de pesquisa. A utilidade do projeto é pensada aqui em termos tanto do aprendizado da prática de investigação e da produção intelectual de alto nível como da capacidade de as propostas de intervenção serem assumidas pelos agentes (empresas, instituições culturais, ONGs etc.) a quem são dirigidas, de modo a serem executadas.

Nesse sentido, da necessária identificação com o tema, é que se recomendam como um segundo passo importante na feitura da pesquisa e do curso a eleição e a construção de um objeto de pesquisa com o qual o aluno se envolva, aprecie, sinta-se estimulado. Apenas isso não garante um bom trabalho, mas sem isso é impossível haver a favorável identificação entre o investigador e a pesquisa que garantirá sua "autoria". Isto é, aquele reconhecimento, pleno de satisfação, de características e qualidades pessoais – muitas vezes encobertas no cotidiano[2] – que o texto final da investigação, nos trabalhos bem realizados, demonstra.

Com muita sensibilidade, Edgar Morin[3] refletiu sobre a perda ou o esmaecimento da autoria individual e concluiu ser, com frequência, uma característica da indústria cultural. Sem levar em conta os benefícios (que também podem existir) do trabalho coletivo, ele pensava na situação de rejeição de um produto cultural por seu suposto criador. Filmes mutilados, obras alteradas ou produzidas por pura encomenda, sem maior envolvimento do responsável, exemplificavam esse amargo trabalho. Esforço criativo transformado em tormento ou rotina, elaboração intelectual que os requerimentos da demanda transformam em servidão e que, por isso, resultam geralmente em mediocridade. Esse é o oposto do desejável.

Numa linha complementar de raciocínio, podemos lembrar ainda o que afirma Boaventura de Sousa Santos: "Todo conhecimento é autoconhecimento".[4] Daí resulta a conclusão de que, no amplo domínio de objetos de conhecimento, só aqueles que interessam vivamente o sujeito (ao ponto de ele aceitar esse autoescrutínio) podem tornar a jornada da pesquisa algo que valha a pena, do ponto de vista individual. É justamente porque a pesquisa não é um caminho fácil, sem percalços, que os aspectos de envolvimento e motivação acabam sendo tão importantes.

Em outras e mais populares palavras, se o estudante não "veste a camisa" de sua investigação, a chance de que esta tenha êxito

---

[2] Um exemplo interessante é o de uma pesquisa com proposta de intervenção num Centro Cultural situado num bairro da periferia de São Paulo (o Jardim Canaã), no qual há muitos anos vivia a investigadora. Lida por uma amiga da autora, que antes havia também havia feito o curso de Gestão, provocou o seguinte comentário: "Eu não sabia que você era uma intelectual orgânica do Jardim Canaã!". A expressão gramsciana para qualificar a jovem pesquisadora surgiu igualmente durante a arguição do trabalho. E o que é mais significativo: provavelmente, a própria autora tenha-se descoberto como "intelectual orgânica" de seu bairro no processo de pesquisa.

[3] MORIN, Edgard. *Cultura de massas no século XX*. 8. ed. Rio de Janeiro: Forense Universitária, 1990. v. 1: Neurose.

[4] SOUSA SANTOS, Boaventura de. *Um discurso sobre as ciências*. São Paulo: Cortez, 2003. p. 80.

é baixa. Assim é, também, no plano geral do curso e em todos os seus módulos: a exigência do compromisso se faz presente. Não há conclusão melhor para essas considerações, resumindo a contraface da atitude interessada, do que as palavras do poeta: "Que tristes são as coisas consideradas sem ênfase".[5]

Paixão com rigor

Até aqui se enfatizou o papel da curiosidade e do interesse, que se combinam no que podemos chamar de "paixão" pela pesquisa. No entanto, esta possui limitações quanto aos objetivos ligados à construção de um saber válido para produzir as transformações que o gestor ambicione. Desse modo, uma etapa que da mesma forma mostra-se fundamental é a aquisição de um conjunto de conhecimentos teórico-metodológicos que tornem a pesquisa, desde seu início, uma ação dotada de elevada racionalidade.

Nesse sentido, os módulos do curso buscam proporcionar ao estudante uma atualizada base teórica. Tal arsenal de informação e reflexões terá uma utilidade crítico-instrumental com respeito aos projetos e pesquisas. Isso ocorre porque esses conteúdos ajudam a forjar quadros analíticos, sobre diferentes questões de interesse (linguagem, estética, educomunicação etc.), capazes de proporcionar perspectivas de investigação mais consistentes e reflexivas. Busca-se, assim, fazer com que o estudante rompa, utilizando o domínio conceitual conquistado, tanto com o conhecimento ingênuo ou de senso comum sobre os problemas quanto com o discurso ideológico. Em outras palavras, trata-se de entrar no campo da ciência e perseguir sua meta de objetividade e de produção de um saber especializado. Para tanto, a motivação pessoal e o envolvimento do investigador não devem ser abandonados, mas a "paixão" precisa ser conjugada ao rigor.

---

[5] ANDRADE, Carlos Drummond de. A flor e a náusea. In: *A rosa do povo.* 27. ed. Rio de Janeiro: Record, 2003. p. 27.

No eixo do rigor necessário à pesquisa, outro elemento fundamental no curso é a metodologia, sobretudo por esta ser pensada não como um "receituário" de técnicas e procedimentos, mas sim como um conjunto de opções e decisões que o pesquisador toma no desenvolvimento de seu trabalho. Trata-se, portanto, de utilizá-la como um espaço crítico de construção do discurso científico, e não vê-la instrumentalmente, como algo exterior, formal ou acessório no processo de construção do conhecimento. Desse modo, revela-se útil e pertinente o uso do modelo metodológico desenvolvido pela professora Maria Immacolata Vassallo de Lopes,[6] do curso Gestão da Comunicação, que parte de aspectos como os apontados.

Como a própria autora apresenta os traços essenciais de tal modelo em capítulo deste livro, seria interessante aqui somente destacar (para desfazer uma concepção errônea, mas comum em parte dos estudantes iniciantes, em relação à natureza da pesquisa) o quanto esse entendimento da metodologia distancia-se da ideia de que pode haver descontinuidade entre teoria e metodologia. Como ensina esse modelo, as opções teóricas são também metodológicas e devem ser articuladas em estruturas de projeto e desenhos/estratégias de investigação capazes de abarcar os problemas formulados. Aliás, reforça-se a noção de que o próprio "objeto" deve ser problematizado, de modo que, em substituição a preocupações do senso comum, se elabore e conquiste um objeto de pesquisa definido em termos conceituais, com abrangência e natureza adequadas aos objetivos esperados da investigação.

De outro lado, a articulação promovida entre a esfera da metodologia e a da teoria ajuda a perceber que o ato da pesquisa é total; portanto, torna-se errôneo (embora esta seja uma percepção também comum) resumir essa prática na esfera da coleta de

---

[6] LOPES, Maria Immacolata V. de. *Pesquisa em Comunicação*; formulação de um modelo metodológico. 8. ed. São Paulo: Loyola, 2005.

dados, feita de qualquer modo, com baixa criticidade. Existem exigências epistemológicas, teóricas, metodológicas e técnicas, ligadas a essas dimensões da investigação, que ao serem incorporadas à reflexão e à prática do pesquisador tornam seus resultados mais rigorosos. Isso irá certamente torná-los mais válidos em termos da desejada intervenção nos problemas estudados.

Creio ser útil notar que, sem tornar o ato da produção de conhecimento científico algo inalcançável ou para investigadores hiperespecializados, o uso do modelo de Lopes, praticado no curso, por suas qualidades didáticas, tem favorecido a formação de gestores como pesquisadores, o que na trajetória futura desses agentes será muito relevante. Espera-se, com efeito, que a pesquisa realizada pelos estudantes seja, talvez, sua primeira investigação, mas não a última. E se esse é um dado difícil de avaliar na prática, na continuidade da carreira profissional dos formados, o número significativo de estudantes que, ao término do curso Gestão da Comunicação, resolve iniciar o mestrado acadêmico indica que o interesse na atividade de investigação consolidou-se em muitos.

Em conclusão, a seguir, abordo um tema também importante em termos de pesquisa em Gestão da Comunicação e de conhecimento científico, de maneira geral, que é a superação que se busca promover do entendimento dicotômico da ciência, vista em termos de aplicada *ou* básica.

Conhecimento e uso

Uma linha de reflexão sobre a compreensão do conhecimento produzido por pesquisas que objetivem a aplicação também em termos de um legítimo produto científico é feita por Donaldo E. Stokes.[7] A análise social da ciência feita por este autor demonstra que

---

[7] STOKES, Donald E. *O quadrante de Pasteur*; a ciência básica e a inovação tecnológica. Campinas: Ed. Unicamp, 2005.

o espaço da prática científica corresponde menos a um contínuo, que vai da ciência básica ou desinteressada às investigações e aplicações da ciência, do que a diferentes âmbitos de pesquisa. Existem, assim, desde as investigações científicas que privilegiam mais os aspectos relativos a uma busca de entendimentos fundamentais sobre uma questão, contribuindo para ampliar o escopo de conhecimento de uma disciplina, quanto aquelas pesquisas de teor fortemente aplicado, situadas na fronteira da tecnologia ou já nesse âmbito.

Porém, a análise de Stokes ressalta algo muito interessante, que é a frequência com que certas investigações no domínio da ciência buscam ao mesmo tempo ampliar o conhecimento e assumir determinado uso social. Seria esse o espaço do chamado "quadrante de Pasteur". Portanto, na própria prática efetiva da ciência moderna, a dicotomia (cuja origem o autor data do pensamento grego da Antiguidade Clássica) entre conhecimento e uso ou entre investigação e prática mostra-se bem menos real e de fato existente do que parece, ainda que seja muito comum no plano dos discursos.

Outra forma de encarar essa relação entre conhecimento e transformação encontra-se nas propostas de Boaventura de Sousa Santos,[8] que ressalta que a "ruptura epistemológica" (uma conquista da ciência moderna) deve ser conjugada (no ideal de uma "ciência pós-moderna") com uma volta do conhecimento produzido para o "senso comum". A essa operação, a qual busca tornar comensuráveis esses dois planos de discurso e de experiência humana, Sousa Santos dá o nome de "dupla ruptura epistemológica". A ela correspondem implicações com respeito a uma ética de aplicação ("edificante") da ciência, em contraposição a um uso meramente técnico e instrumental do conhecimento.

O autor propõe ainda, no que é talvez o aspecto mais instigante da proposta para os gestores, a noção de que o conhecimento

---

[8] Em particular, SOUSA SANTOS, Boaventura de. *Introdução a uma ciência pós--moderna*. 4. ed. Rio de Janeiro: Graal, 2003.

produzido deve ser capaz de dotar a vida prática de maiores perspectivas em termos dos projetos de emancipação social e cultural. Há, portanto, na reflexão de Sousa Santos uma forte valorização da práxis em sua articulação com o conhecimento. O teor significativo da ciência, capaz de influenciar a ação humana, é visto por ele como uma possibilidade de fazer com que a técnica, que "é um instrumento indispensável na construção da sociedade comunicativa, se converta numa dimensão da prática e não, como hoje sucede, que a prática se converta numa dimensão da técnica".[9]

Tais questionamentos sobre a articulação entre o conhecimento e o uso terminam ressaltando níveis epistemológicos da pesquisa, como nota Guillermo Orozco Gómez, numa pertinente formulação sintética a propósito do processo da investigação:

> *Para que fazer a investigação* e *para quem* são sempre duas interrogações que é necessário colocar antes de definir *como fazer a investigação*. *Até onde investigar* e *até onde apontar com a investigação* são outras duas interrogações que é necessário fazer de maneira explícita na produção de conhecimento.[10]

É claro que essas questões não querem dizer que as pesquisas que busquem intervir num problema irão, apenas por isso, produzir conhecimento científico válido sobre o aspecto analisado. De um lado, porque a cientificidade e a possível contribuição do trabalho em termos do estado do conhecimento sobre determinado objeto serão garantidas não pela justificativa social, mas pelo seu vigor e domínio metodológicos. Por outro lado, a ênfase deve estar na dialética entre a participação e o envolvimento, como discute Lopes na parte final de seu texto, apresentado neste livro. Mas a reflexão sobre esses dois níveis, para a qual a indagação

---

[9] SOUSA SANTOS, *Introdução a uma ciência...*, cit. p. 44.
[10] OROZCO GÓMEZ, Guillermo. *La investigación de la comunicación dentro y fuera de América Latina*; tendencias, perspectivas y desafíos del estudio de los medios. La Plata: Ediciones de Periodismo y Comunicación, 1997. p. 85.

acerca dos pontos lembrados por Orozco Gómez chama a atenção de modo relevante, só enriquecerá o plano de investigação que o estudante irá realizar durante o curso.

Referências bibliográficas

ANDRADE, Carlos Drummond de. *A rosa do povo*. 27. ed. Rio de Janeiro: Record, 2003.

COELHO, Teixeira. *O que é indústria cultural*. 12. ed. São Paulo: Brasiliense, 1989.

LOPES, Maria Immacolata V. de. *Pesquisa em Comunicação*; formulação de um modelo metodológico. 8. ed. São Paulo: Loyola, 2005.

MORIN, Edgar. *Cultura de massas no século XX*. 8. ed. Rio de Janeiro: Forense Universitária, 1990. v. 1: Neurose.

OROZCO GÓMEZ, Guillermo. *La investigación de la comunicación dentro y fuera de América Latina*; tendencias, perspectivas y desafíos del estudio de los medios. La Plata: Ediciones de Periodismo y Comunicación, 1997.

SOUSA SANTOS, Boaventura de. *Um discurso sobre as ciências*. São Paulo: Cortez, 2003.

_____. *Introdução a uma ciência pós-moderna*. 4. ed. Rio de Janeiro: Graal, 2003.

STOKES, Donald E. *O quadrante de Pasteur*; a ciência básica e a inovação tecnológica. Campinas: Ed. Unicamp, 2005.

Parte II
Novos paradigmas para a comunicação: uma experiência empírica de formação profissional

Novos paradigmas para a comunicação

MARIA CRISTINA CASTILHO COSTA*
CLÁUDIA DO CARMO NONATO LIMA**

Introdução

O Breve Século XX acabou em problemas para os quais ninguém tinha, nem dizia ter, soluções. Enquanto tateavam o caminho para o terceiro milênio em meio ao nevoeiro global que os cercava, os cidadãos do *fin-du-siècle* só sabiam ao certo que acabara uma era da história.

Este trecho foi extraído do livro *Era dos extremos: o breve século XX, 1914-1991*, de Eric Hobsbawm.[1] Traduz a perplexidade do mundo diante do que para ele foi o período de maior transformação histórica já vivida – esse século que, com guerras, avanços científicos e tecnológicos, e revoluções em curso, pôs por terra características marcantes da vida e da cultura da modernidade, como a crença no evolucionismo, o nacionalismo e o humanismo. Espremido entre 1914, quando eclode a Primeira Guerra Mundial, e 1991, quando se desintegra a União Soviética, o "Breve Século XX" foi um divisor de águas nas relações políticas, na economia, na mentalidade da Europa e do mundo.

---

* Doutora em Ciências Sociais pela FFLCH-USP e livre-docente em Ciências da Comunicação pela ECA-USP. É também coordenadora do Curso de Especialização *Lato Sensu* Gestão da Comunicação.
** Jornalista, com especialização em Gestão da Comunicação. Atualmente é mestranda em Ciências da Comunicação pela ECA-USP, na área de Teoria e Pesquisa em Comunicação.
[1] HOBSBAWM, Eric. *Era dos extremos*: o breve século XX, 1914-1991. São Paulo: Companhia das Letras, 1995. p. 537.

Hobsbawm aponta como um dos motores dessas transformações o fim da hegemonia europeia no mundo. Esse continente, que fora por quinhentos anos o centro do planeta, *estável, liberal e burguês*,[2] desintegra-se deixando em seu lugar dois grandes impérios que se digladiam na Guerra Fria: o norte-americano e o soviético. Em torno dessa polaridade se organizam as revoluções políticas do século XX, tanto as conservadoras como as transformadoras. E a concepção imperialista que elas propunham ao mundo prometia solapar a nação como proposta de identidade étnico-linguística e cultural em torno da qual se aglutinavam os cidadãos. Começava, efetivamente, em termos reais, a globalização. E, com o fim dos nacionalismos, acabavam também as relações coloniais entre Europa e o resto do mundo, esgarçava-se o tecido que alimentava de europeísmos as culturas continentais. Com isso, novas identidades emergiam num mundo que perdia sua homogeneidade e seu centro.

As invenções tecnológicas também tiveram importante papel nas transformações vividas no século XX e até mesmo na brevidade com que o século se encerra. Os avanços da ciência, também não mais centrados na velha Europa, empurrados pelas guerras e pela conquista do espaço, pela industrialização acelerada e até pela espionagem, foram imprimindo um novo ritmo na vida, acelerando a passagem do tempo e a impressão das pessoas que o vivem. Uma ciência que, convertida em mecanismos cujos processos passaram a ser desconhecidos dos usuários finais, parecia cada vez mais mágica e irreal. Segundo Hobsbawm, a oposição entre a ciência tradicional voltada ao homem e essa anticiência, dedicada aos sistemas abstratos, garantiu o pleno sucesso de um gênero literário de grande popularidade na época:[3] a ficção científica.

Os processos que daí resultaram têm sido estudados por muitos pesquisadores: a grande imigração que transportou grandes

---

[2] Ibid., p. 38.
[3] Ibid., p. 511.

contingentes humanos de um continente a outro, de um país a outro, de uma região a outra, do campo para as cidades, num mundo cada vez menor, cortado por caminhos cada vez mais curtos; a revolução sexual que abalou o modelo clássico de família e de relacionamento afetivo, o movimento feminista que modificou radicalmente o papel da mulher na sociedade e a colocou na indústria e no mercado de trabalho, lutando ombro a ombro com os homens por melhores condições de vida e produção; e a emergência da juventude como força motriz da sociedade, passando a ser vista e encarada com nitidez e seriedade.

É no bojo dessas rupturas que se fala em novos paradigmas da civilização mundial, no abandono não só de valores que pautavam a vida de cada um, como também na transformação radical das relações humanas. Segundo Agnes Heller, fazia parte desse paradigma do passado a resistente estratificação hierárquica que dividia o mundo em classes, etnias, sexos e nacionalismos. Dessa hierarquização decorriam funções, comportamentos e todo o arcabouço da vida cotidiana, num arranjo que ela chama de "pré-moderno". Heller explica que a desconstrução desse mundo foi tão abrupta que ela a chama de *colapso*. Diz ela: "A casa cai, mas seus antigos habitantes permanecem perto das ruínas, sem encontrar apoio nas paredes que já não existem".[4]

Entre as paredes que ruíram estavam os valores da modernidade, segundo o sociólogo Boaventura de Sousa Santos, para quem tais valores dependiam necessariamente da capacidade disciplinar do Estado, por demais fragilizado no novo milênio. A perda de hegemonia do Estado, segundo o autor, acarreta a fragilização do pacto social entre os cidadãos, exigindo novas formas de contratuação.[5]

---

[4] HELLER, Agnes. Uma crise global da civilização: os desafios futuros. In: HELLER, Agnes et al. *A crise dos paradigmas em ciências sociais e os desafios para o século XXI*. Rio de Janeiro: Contraponto, 1999. p. 19.
[5] SANTOS, Boaventura de Sousa. Reinventar a democracia. In: HELLER et al., *A crise dos paradigmas...*, cit., p. 44.

Jürgen Habermas também analisa o que ele chama de "revogação do compromisso com o Estado social",[6] referindo-se ao abandono de um modelo político ao mesmo tempo gerenciador de recursos e integrador das populações a ele submetidas, vigente durante todo o século XX. Em seu lugar surge um novo modelo de administração política baseado em unidades alargadas e transnacionais, como a Comunidade Europeia. Tais aglomerados, entretanto, não representam mais do que extensas parcerias concorrenciais num mundo de mercado globalizado, não constituindo uma via alternativa para o capitalismo pós-industrial que se torna planetário. É Habermas quem aborda também o abandono das utopias e de projetos sociais que visem a instaurar uma sociedade mais justa e igualitária. Vive-se num mundo de soluções jurídicas, mas não fáticas.

Todas essas transformações, entretanto, ocorrem por meio de uma grande revolução tecnológica e comunicacional. Não se poderia falar em globalização, se não houvesse a internet e a comunicação a distância; não poderíamos tratar de uma cultura mundializada, se a era da imagem não tivesse suplantado o separatismo dos idiomas nacionais e regionais. Benedict Anderson a isso se refere quando analisa a crise do Estado e do nacionalismo na atualidade, destacando:

> [...] o tráfego motorizado suplanta o das ferrovias, contribuindo para o fim das bitolas ferroviárias "nacionais" padronizadas e impulsionando a construção de estradas de rodagem de padrão internacional; o telefone transformava radicalmente as comunicações humanas, sendo seguido pelo rádio, pela televisão e o correio eletrônico; as "culturas nacionais" propiciadas aos cidadãos pelos jornais e sistemas educacionais nacionais começaram a se tornar obsoletas.[7]

---

[6] HABERMAS, Jürgen. *A constelação pós-nacional*. São Paulo: Littera Mundi, 1991. p. 66.
[7] ANDERSON, Benedict. As promessas do Estado-Nação para o início do século. In: HELLER et al., *A crise dos paradigmas...*, cit., p. 165.

Também Habermas admite que "o efeito de aceleração advindo das técnicas avançadas de comunicação e de transporte possui uma importância totalmente diferente para a modificação a longo prazo do horizonte cotidiano de experiências".[8] Repercutindo diretamente na cultura, nas formas de identidade, na sensibilidade e na percepção, a emergência das mídias digitais e o avanço dos meios de comunicação nas relações sociais, individuais e coletivas são parte integrante das transformações da chamada "pós-modernidade".

O antropólogo Marc Augé, cujo conceito de *não-lugares* tem ajudado os pesquisadores a entenderem a época contemporânea e os fenômenos ligados à globalização, dá destaque às formas de percepção humana, marcadas pelo uso das novas tecnologias e dos meios de representação audiovisuais. Diz ele:

> Na intimidade de nossas casas. Enfim, imagens de toda espécie, transmitidas por satélite, captadas pelas antenas que guarnecem os telhados da mais afastada de nossas cidadezinhas, podem dar-nos uma visão instantânea e, às vezes, simultânea de um acontecimento em vias de se produzir no outro extremo do planeta.[9]

Claro está que, se um novo modelo civilizatório emerge no século XXI, denominado "capitalismo pós-industrial", "pós-modernidade" ou "era da informação", os processos comunicacionais estão intrinsecamente ligados a ele. E mais, tais processos adquirem também perfil transformador e revolucionário. Jesús Martín-Barbero, ao abordar as implicações da comunicação nas novas formas societárias sob as quais vivemos, chama a atenção para as mediações tecnológicas e comunicacionais nas relações políticas da atualidade, em que técnicas de marketing passam a ser utilizadas nos processos eleitorais, transformando os candi-

---

[8] HABERMAS, op. cit., p. 57.
[9] AUGÉ, Marc. *Não lugares*; introdução a uma antropologia da supermodernidade. Campinas: Papirus, 1994. p. 34.

datos em profissionais da mídia e os partidos em logomarcas. A emergência de uma esfera pública eletrônica repercute na cultura política nacional,[10] provocando desencanto e desideologização política. Nessa linha de pensamento, Octavio Ianni reconhece a importância da televisão na política atual, meio pelo qual trafegam mercadorias e ideias, opiniões, comportamentos e convicções.[11] Ele chama de *príncipe eletrônico* esse fenômeno midiático de ação política que transforma mercadoria em ideologia e mercado em democracia.

Do ponto de vista econômico, processa-se uma desmaterialização da mercadoria, com a manipulação de informações que circulam de um lado a outro do mundo. Quer do ponto de vista do mercado de capitais, quer do ponto de vista da crescente importância das marcas em relação ao valor dos produtos, vive-se uma ciranda de trocas na qual sobressaem o fetiche e a representação.

Por outro lado, do ponto de vista social, concentração de poder e processos cada vez mais excludentes tendem a aprofundar as diferenças sociais sob o manto da homogeneização da cultura e da globalização das trocas simbólicas. As diferenças antes marcantes de sexo e idade cedem a barreiras mais radicais de inacessibilidade e exclusão tecnológica.

Portanto, sob a perspectiva política, econômica e social, deparamo-nos com transformações que acontecem por causa ou como consequência da revolução tecnológica e das mudanças radicais havidas nos processos de comunicação humana. Tem razão Yves Winkin, quando diz haver uma "nova comunicação", que veio suplantar um modelo velho e ultrapassado baseado na transmissão intencional de mensagens entre emissor e receptor,

---

[10] MARTÍN-BARBERO, Jesús. O medo da mídia; política, televisão e novos modos de representação. In: DOWBOR, Ladislau et al. *Desafios da comunicação*. Petrópolis: Vozes, 2000. p. 30.
[11] IANNI, Octavio. O príncipe eletrônico. In: BACCEGA, Maria Aparecida. *Gestão de processos comunicacionais*. São Paulo: Atlas, 2002. p. 56.

semelhante a um "sistema telegráfico ou a um jogo de pingue--pongue".[12] Diz ele que esse modelo mecanicista dominou não só o ensino, como a pesquisa nas Ciências da Comunicação, desde o início de sua institucionalização nos Estados Unidos, na década de 1940. Em sua obra, Winkin batalha por um novo paradigma que rejeite radicalmente a visão pré-copérnica – voluntarista, funcionalista e individualista – do processo comunicacional.

Importante notar que esse autor não fala apenas em pesquisa, mas também em ensino, pois, em se tratando de uma nova sociedade e de mudanças radicais havidas na cultura, é preciso pensar que a educação tem, necessariamente, que formar novas cabeças para viver e produzir nessa nova época. É o que sustenta Edgar Morin, quando defende uma educação que vença os conservadorismos do passado com uma abordagem multilinguística, plural e interdisciplinar.

Pois foi com essa visão transformadora envolvendo a sociedade, a comunicação e a educação, assim como o papel ainda revolucionário da universidade, que um grupo de professores do Departamento de Comunicações e Artes (CCA), da Escola de Comunicações e Artes da Universidade de São Paulo, resolveu propor um curso capaz de formar um profissional que fizesse frente aos desafios que a comunicação apresenta no mundo contemporâneo. É o gestor de comunicação, formado para pensar a comunicação não como produto, mas como processo; para mediar relações, para defender o dialogismo e o pluralismo.

Vamos buscar apresentar agora o histórico desse curso e a pesquisa que realizamos para saber como professores e alunos têm praticado essa "nova comunicação", a qual temos defendido desde 1993, quando o Curso de Especialização *Lato Sensu* Gestão da Comunicação foi criado. Mostraremos também a avaliação que fizemos sobre os gestores que temos formado.

---

[12] WINKIN, Yves. *A nova comunicação*. Campinas: Papirus, 1998. p. 13.

Gestão da Comunicação – uma experiência na formação do profissional da comunicação

Já no início dos anos 1990, os professores do CCA eram responsáveis pelos dois primeiros anos do curso básico de todos os alunos da ECA, oferecendo disciplinas teóricas indispensáveis à formação profissional, que iam de epistemologia da comunicação à metodologia de pesquisa, ética, estética e estudos da linguagem. Essa visão ampla e humanista da formação do comunicador já esbarrava com a tendência vigente na graduação, em quase todos os cursos existentes no País, que privilegia a especialização e o tecnicismo. Originários das áreas de Letras, Sociologia, Filosofia, Antropologia, esses professores lutavam por uma formação ao mesmo tempo crítica e interdisciplinar, a qual consideravam importante para o comunicador ante as transformações que se observavam e se pressentiam na sociedade, como um todo, e no campo da Comunicação, de forma específica.

Além dessa visão ampla e crítica do exercício profissional, os professores procuraram ainda privilegiar a pesquisa e o planejamento como condições *sine qua non* para a ação do comunicador. Assim surgia a noção de *gestão* – um procedimento desenvolvido intencionalmente, resultante de pesquisa científica e bibliográfica, de profunda avaliação contextual, de uma postura responsável perante a sociedade e a recusa de tratar a comunicação de forma homogênea, indiferenciada e unidirecional.

Partindo dessa proposta, foi organizado em 1992 um Seminário com profissionais atuantes para o debate a respeito do que era importante para a formação do comunicador na atualidade. As opiniões apenas ratificaram o pensamento do grupo que, sentindo-se fortalecido, resolveu organizar um curso que formasse esse novo profissional em Comunicação, Cultura e Artes. Nesse curso, ele seria capacitado a compor estratégias globais de comunicação, habilitando-se a avaliar, elaborar e implantar projetos de Comunicação e Cultura nos setores público e privado.

Em agosto de 1993, sob a coordenação da profa. dra. Maria Aparecida Baccega, começou a primeira turma do curso de pós-graduação *lato sensu* Gestão de Processos Comunicacionais, hoje Gestão da Comunicação (Gestcom). Além do curso, foi também criada a revista *Comunicação & Educação*, destinada a educadores, para que estes pudessem ter acesso a conhecimentos de comunicação, incorporando-os a suas práticas educacionais. Com tiragem de 3 mil exemplares e distribuição para todo o Brasil e alguns países da América Latina, Europa e Estados Unidos, a revista tem periodicidade quadrimestral e circula há mais de dez anos, sempre em parceria com editoras privadas. É hoje uma referência no meio acadêmico.

Em 2001, um incidente prejudicaria o andamento do curso: um incêndio que começou no início da madrugada do dia 2 de outubro, uma terça-feira, destruindo o segundo pavimento de um dos prédios da Escola de Comunicações e Artes. Foram queimados documentos pessoais, teses, livros, trabalhos, arquivos de computador, um laboratório e quatro núcleos de estudo. Na secretaria do Curso de Gestão, bem como na secretaria da revista *Comunicação & Educação*, mantida pelo curso, o incêndio resultou em perda total. Como o prédio não possuía seguro, foi preciso recomeçar o trabalho do zero para repor as perdas materiais, mas, felizmente, o curso não perdeu seu vigor.

A estrutura do curso Gestão da Comunicação mudou pouco de 1993 para cá. Sua didática concentra aulas presenciais e atividades a distância, sendo o terceiro semestre dedicado à orientação individualizada, com vistas à elaboração final do projeto de intervenção.

Formalmente, os objetivos do curso são:

a) construir um referencial científico, manifestação do campo da Comunicação, como embasamento para a adequada formação teórica do gestor de processos comunicacionais;

b) formar esse profissional como resultado dos avanços das reflexões na inter-relação Comunicação, Cultura e Artes, e do diálogo permanente entre as várias especialidades na área da Comunicação Social, delimitando seu perfil;

c) capacitar o aluno para, a partir de um planejamento articulado das diversas mídias, compor estratégias globais de comunicação, maximizando recursos;

d) habilitar o aluno para, a partir desse referencial, ter condições para elaborar, implantar, avaliar e repropor projetos de Comunicação, Cultura e Artes, nos setores público, privado e terceiro setor, mediante um planejamento global.

Quinze anos depois, o Gestcom está na 23ª turma e já formou mais de 350 gestores, profissionais oriundos das mais diversas áreas, como Comunicação, Educação, Saúde, Informática e Finanças, entre outras. A coordenação julgou que estava na hora de fazer um levantamento de dados relativos a todas as turmas, com o objetivo de melhor conhecer o perfil do aluno que procura o curso e também elencar especialistas, empresas, problemáticas e intervenções sugeridas pelos estudantes em seus projetos de intervenção.

A fase empírica da Pesquisa Gestcom teve início em novembro de 2007 e foi finalizada em abril de 2008. Cadastraram-se os perfis de 332 alunos, das turmas 1 a 19 (1995 a 2007), abrangendo doze anos de curso. Foram analisados 234 projetos, das turmas 7 a 19 (2000 a 2007). Os trabalhos das turmas 1 a 6, apresentados antes do incêndio ocorrido na ECA, em 2001, tiveram alguns de seus exemplares danificados. Optou-se por não incluir os dados desses trabalhos na pesquisa. Os dados disponíveis dos especialistas (nomes e contatos) foram armazenados, mas não foi possível traçar um perfil profissional e pessoal deles pela falta de maiores informações.

Pesquisa Gestcom – Aspectos metodológicos

Através da pesquisa "Perfil Gestcom", realizou-se um levantamento sobre os dados pessoais e o campo profissional dos titulados no curso de especialização *lato sensu* Gestão da Comunicação. Trabalhou-se com uma amostra estatística dos formados nos últimos quatorze anos, entre 1995 e 2007, com base nas informações contidas nos arquivos da secretaria do curso.

Fases da pesquisa

O projeto foi equacionado para ser desenvolvido em duas fases:

> **FASE 1: PERFIL DOS ALUNOS**
> **Objetivo:** Traçar o perfil sociocultural dos alunos.
>
> **FASE 2: PROJETOS DE INTERVENÇÃO**
> **Objetivo:** Traçar o perfil dos projetos de intervenção (trabalhos de conclusão) desenvolvidos pelos alunos.

Quanto ao tratamento metodológico, foi feita a coleta de dados através da manipulação e leitura das fichas de prontuários de todos os alunos e dos projetos de intervenção realizados entre 2000 e 2007. Analisaram-se 234 projetos, das turmas 7 a 19.

Objetivos gerais e específicos

Três foram os *objetivos gerais* do projeto:

1º) Produção de conhecimento do perfil dos ex-alunos do curso de pós-graduação *lato sensu* Gestão da Comunicação, que foram classificados a partir das seguintes temáticas:

a) identificação, sexo, faixa etária e local de origem;
b) formação e instituição de ensino;
c) profissão;
d) como ficou sabendo do curso.

2º) Produção do conhecimento dos projetos de intervenção, classificados a partir de:

a) instituição (tipo, setor, dimensão);
b) problema, intervenção;
c) autores citados.

3º) Produção de bancos de dados.

A pesquisa permitiu a construção de um banco de dados com o perfil dos alunos que passaram pelo curso e também com os projetos de intervenção elaborados como trabalho de conclusão. Espera-se que o banco de dados seja alimentado a cada ano, permitindo assim uma constante atualização da pesquisa.

A tabulação, feita a partir da planilha do programa Excel, tanto forneceu relatórios estatísticos como permitiu a construção de um banco de dados eletrônico, que permitirá um acompanhamento mais detalhado de uma análise do perfil do curso a partir de agora.

Amostragem

Os ex-alunos das turmas formadas entre 2000 e 2007 foram submetidos a um processo de amostragem probabilística. A amostragem foi estratificada em dois níveis: perfil sociocultural dos alunos e projetos de intervenção. O tamanho da amostra é proporcional ao número de alunos formados em cada turma.

A composição da amostra foi feita a partir de listagem dos formandos por turma. Optou-se por trabalhar a pesquisa a partir da turma 7, por causa do material que se perdeu no incêndio ocorrido em 2001, que continha os prontuários e projetos de intervenção das turmas 1 a 6.

As questões foram organizadas em dois módulos temáticos:

I. Perfil do aluno: indicadores socioeconômicos, de formação e do curso.

Sexo, idade, local de origem, naturalidade, residência, formação, instituição, profissão e como ficou sabendo do curso.

II. Perfil do projeto de intervenção: indicadores da empresa e do projeto.

Instituição, tipo, setor, dimensão, problemática, intervenção, autores citados no projeto.

Análise dos dados

Perfil dos alunos

a) Sexo

Feminino	241
Masculino	90
Total	331

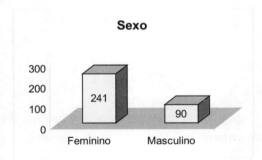

b) Idade

De 25 a 29 anos	86
De 30 a 34 anos	57
De 35 a 39 anos	46
De 40 a 49 anos	36
De 20 a 24 anos	28
50 anos ou mais	9
Total	262

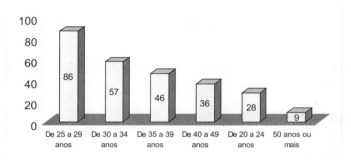

c) Local de origem

São Paulo (capital)	185
São Paulo (interior)	51
Demais estados	10
Total	246

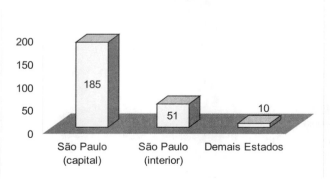

d) Naturalidade

São Paulo (capital)	131
São Paulo (interior)	70
Outros estados	46
Exterior	2
Total	249

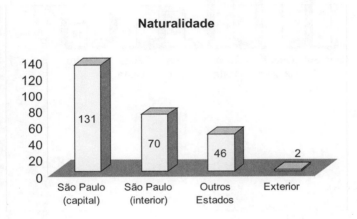

e) Residência (bairro)

Bairro	Total
Zona Sul	69
Outras cidades	69
Zona Oeste	68
Zona Norte	21
Zona Leste	17
Centro	14
Total	258

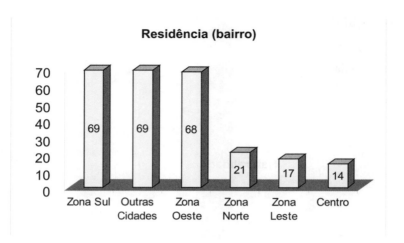

f) Formação

Humanas	243
Exatas	13
Biológicas	8
Total	264

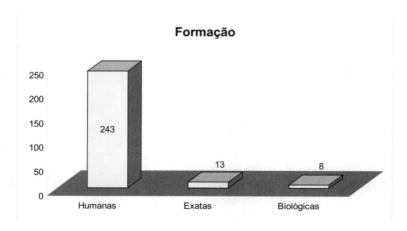

g) Instituição de ensino

Instituição	Total
Particular	197
Pública estadual	53
Pública federal	13
Total	263

h) Profissão/Função

Profissionais de comunicação[1]	115
Produtores e executivos[2]	35
Profissionais de educação (professores)	31
Administrador/Funções Administrativas[3]	23
Profissionais liberais[4]	11
Coordenadores[5]	9
Autônomos/Freelancer	8
Gerentes de produtos	6
Funcionários públicos/Funções públicas	3
Total	241

Glossário:

[1] *Profissionais de comunicação* – Analista, assessor, assistente e consultor de marketing, imprensa, comunicação, atendimento, editor, jornalista, publicitário, redator, relações públicas, web designer, ombudsman.

[2] *Produtores e executivos* – Agente e/ou produtor cultural, consultor técnico, diretor, estagiário, executivo, gestor de parcerias, produtor executivo, propagandista, sócio.

[3] *Administrador/Funções administrativas* – Assistente de RH, assessor, auxiliar, consultor administrativo; secretária.
[4] *Profissionais liberais* – Advogado, arquiteto, artista plástico, economista, nutricionista, terapeuta ocupacional, técnico de dança.
[5] *Coordenadores* – gerentes de projetos, projetos editoriais, programação visual, eventos, programas, editorial, do Nica (Núcleo de Informática de Comunicações e Artes – USP).

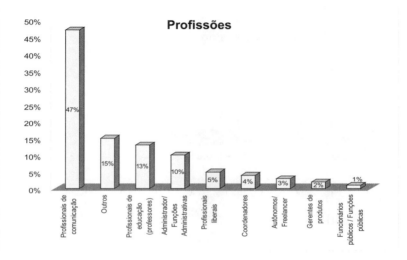

Com relação ao perfil do gestor formado pelo curso de Gestão da Comunicação, evidencia-se o grande número de *mulheres* (mais de três vezes o número de homens), o que talvez represente o contingente com menor empregabilidade, exigindo delas um melhor preparo na formação. Quanto à faixa etária, ela se divide em dois grandes grupos: *recém-formados*, que nos procuram para aperfeiçoar sua formação, quer porque estejam empregados, mas se sentem incapazes de bem conduzir suas carreiras, quer porque, não estando empregados, veem na pós-graduação uma possibilidade de melhorar seus currículos e, evidentemente, suas possibilidades de colocação. Outro grande grupo, de 30 a 39 anos (103 alunos), é composto de alunos que, mesmo empregados, buscam *atualização*. Premidos pelas necessidades do dia a dia, eles carecem de reciclagem e buscam para isso um curso de especialização.

Quanto à procedência, os alunos são em sua maioria da cidade de São Paulo, mas a quantidade deles vindos do interior ou de outros estados é significativa (61), reforçando a ideia de que nossos alunos buscam aprimoramento e atualização de conhecimentos. Residentes ou nascidos fora de São Paulo, eles se esforçam por adquirir maiores experiências. Quanto à localização dos residentes em São Paulo, é interessante notar que, embora predominem aqueles que moram nas cercanias da cidade universitária, atinge-se um número considerável de habitantes fora das regiões sul e oeste de São Paulo.

No que diz respeito à formação, a maioria é proveniente da área de ciências humanas, mas é importante notar que há profissionais com formação na área de exatas, que começam a buscar formação em Comunicação, tornando evidente já certa interdisciplinaridade. Muitos profissionais, como médicos e engenheiros, por desempenharem funções administrativas, dão-se conta da necessidade da comunicação na atualidade e buscam formação específica para melhor desempenharem suas funções.

O número de alunos vindos de instituições privadas de ensino é grande, mostrando que a formação oferecida não os têm capacitado adequadamente para o exercício profissional, obrigando-os a uma reciclagem. Para isso, buscam uma instituição pública e de renome, apesar de ser grande a oferta de cursos de especialização nas instituições privadas. Entretanto, o número de alunos cuja graduação foi realizada em escolas públicas não é insignificante – aproximadamente, um quarto dos alunos eram de universidades privadas.

Quanto ao tipo de profissão que exercem, apesar da significativa presença de comunicadores, o número de profissionais da educação é expressivo (cerca de 25%), assim como de profissões administrativas, atraídos pela ideia de que a comunicação também pode ser gerida. Mas há uma grande parte que se divide entre profissões liberais e trabalhos de coordenação para os quais a comunicação se torna cada vez mais importante. Esses resultados comprovam a tendência à interdisciplinaridade e à superação de fronteiras disciplinares. Nosso curso atende a um vasto contingente de egressos de outras áreas do conhecimento e de profissionais que atuam em diversas funções não diretamente relacionadas com a comunicação.

Como podemos ver no gráfico a seguir, nossos alunos buscam o curso através da internet, de conhecidos (amigos, ex-alunos etc.) e dos jornais, o que, por um lado, evidencia que a reputação da Universidade de São Paulo continua levando-os à procura de formação especializada (na medida em que a busca, muitas vezes, é feita pelo endereço da Universidade) e, por outro, que são alunos que não transitam habitualmente pela Escola de Comunicações e Artes nem pela USP. Nosso curso serve, principalmente, a alunos de outras instituições de ensino, que mantêm com a Universidade uma relação mediada pelos meios de comunicação. O jornal continua sendo uma referência entre comunicadores e profissionais afins.

i) Como ficou sabendo do curso

Internet – sites do Gestcom, da ECA e da USP	87
Indicação – amigos, ex-alunos, estudantes e professores	43
Jornal – *Folha de S. Paulo* e *O Estado de S. Paulo*	37
Outros	12
Total	**179**

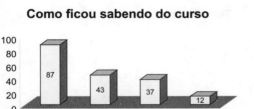

Perfil dos projetos

a) Tipo de empresa

Privada nacional[1]	96
Pública[2]	70
Terceiro setor[3]	27
Multinacional[4]	25
Entidade de classe	4
Transnacional[5]	4
Privada nacional e pública[6]	3
Representação patronal	2
Total	231

Glossário:

[1] *Privada nacional* corresponde a organização (empresa) controlada por pessoa física ou jurídica, criada com capital brasileiro, de natureza privada, com fins lucrativos no Brasil.

[2] *Pública* corresponde a organização (empresa) brasileira, criada pelo Estado brasileiro (governos federal, estadual ou municipal), com capitais próprios ou fornecidos por outras empresas públicas brasileiras para exploração de atividades de natureza econômica ou social no Brasil.

[3] *Terceiro setor* corresponde a empresas formalmente constituídas, com estrutura básica não governamental, gestão própria, sem fins lucrativos e um percentual de mão de obra voluntária.

[4] *Multinacional* corresponde a empresa que fabrica/opera em dois ou mais países diferentes.

[5] *Transnacional* corresponde a empresas que têm suas matrizes em determinado país e atuam em inúmeros outros.

[6] *Privada nacional e pública* corresponde a sociedade na qual há colaboração entre o Estado e particulares, ambos reunindo recursos para a realização de uma finalidade, sempre de objetivo econômico. (Fonte: Inpe)

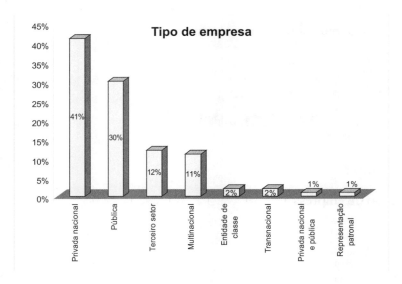

O aluno do Curso de Gestão da Comunicação ingressa com uma proposta de desenvolvimento de projeto de intervenção para uma instituição que pode ser pública ou privada, mista ou uma organização do terceiro setor. Pode ter natureza comercial ou religiosa, militar ou civil, assim como ser nacional ou multinacional. Essa instituição aprova a realização do projeto e permite oficialmente que a pesquisa necessária se realize, especialmente no terceiro semestre do curso, quando o aluno, sob orientação de um professor, desenvolve o Projeto de Intervenção. A instituição funciona como um "laboratório" em que o aluno procura aplicar os conceitos aprendidos, permitindo-lhe experimentar as ideias tratadas pelos diversos autores arrolados nas bibliografias de cada disciplina. Ao final, o Projeto de Intervenção é apreciado por uma banca constituída de um professor do Curso de Gestão da Comunicação, de um especialista do mercado e presidida pelo professor/orientador. Aprovado o projeto por essa banca, o aluno recebe o título de Especialista em Gestão da Comunicação.

Em nossa pesquisa procuramos saber para que tipo de instituição foram desenvolvidos os projetos dos gestores, e os resultados nos mostram que, apesar de a maioria delas corresponder a empresas privadas, há um significativo número de instituições públicas como secretarias e assembleias municipais. Importante ressaltar que a quantidade de instituições do terceiro setor (27) é maior do que de empresas privadas multinacionais (25), o que demonstra que os projetos de intervenção elaborados por nossos alunos voltam-se em sua maioria (se considerarmos a somatória de empresas nacionais, instituições públicas e do terceiro setor) para instituições brasileiras e, dentre estas, estão próximos os números referentes ao segundo setor (121, nacionais e multinacionais) e ao primeiro (públicas) e terceiro setor (97). O Curso de Gestão da Comunicação vem exercendo importante papel, portanto, na formação de profissionais da comunicação que atuarão em áreas emergentes da sociedade. Não temos desenvolvido projetos para setores tradicionais, mas para instituições que representam o futuro da vida econômica e social do País.

Da mesma forma, merece destaque a importância e o peso das instituições voltadas para a educação, numa maioria expressiva dos trabalhos elaborados por nossos alunos. Também têm peso as instituições públicas e aquelas ligadas ao desenvolvimento tecnológico. Mais uma vez, os números obtidos em nossa pesquisa mostram que atuamos em áreas emergentes e não em processos convencionais ligados à comunicação. O universo das pequenas empresas, outrossim, está significativamente representado, constituindo mais da metade de projetos produzidos para grandes empresas. Isso reforça o caráter inovador do curso, atendendo menos a instituições convencionais e mais a áreas emergentes na sociedade.

b) Setor

Educacional	66
Órgãos públicos	28
Informação e tecnologia	25
Indústria*	21
Terceiro setor	14
Cultural	11
Saúde	9
Editorial	7
Financeiro	5
Representação patronal	3
Sindicatos	3
Outros	38
Total	**230**

* Alimentícia, automobilística, autopeças, cerâmica, cosmética, farmacêutica, chapelaria, laminação, metalúrgica, minas e energia, movelaria, papel e celulose, química, transportadora e vinhos.

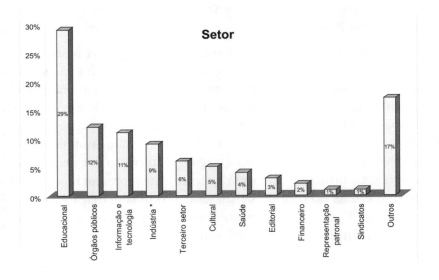

c) Dimensão das empresas

Grande	116
Média	52
Pequena	63
Total geral	231

Glossário:

Pequena empresa – indústria de 20 até 99 empregados e comércio ou serviço de 10 a 49 empregados.

Média empresa – indústria de 100 até 499 empregados e comércio ou serviço de 50 a 99 empregados.

Grande empresa – indústria com acima de 499 empregados e comércio ou serviço com acima de 99 empregados. (Fonte: Sebrae)

d) Professores-orientadores e quantidade de alunos/projetos orientados

Profa. dra. Maria Cristina Castilho Costa	45
Prof. dr. Ismar de Oliveira Soares	33
Prof. dr. Adílson Odair Citelli	32
Profa. dra. Roseli Fígaro Paulino	29
Profa. dra. Maria Immacolata Vassalo de Lopes	27
Profa. dra. Maria Aparecida Baccega	26
Profa. dra. Solange Martins Couceiro de Lima	21
Profa. dra. Maria Lourdes Motter	19
Profa. dra. Maria Cristina Palma Mungioli	2
Total	234

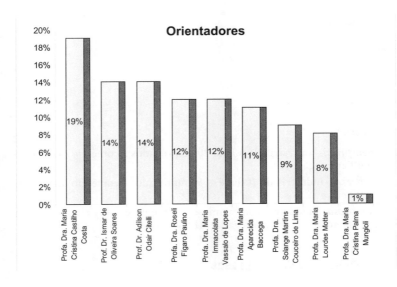

e) Os quarenta autores externos mais citados

	Nome	Qtd.
1	Jésus Martín-Barbero	176
2	Mikhail Bakhtin	144
3	Stuart Hall	137
4	Octavio Ianni	102
5	Guillermo Orozco Gómez	101
6	Néstor García-Canclini	99
7	Adam Schaff	82
8	Armand Mattelart	80
9	Agnes Heller	75
10	Renato Ortiz	73
11	Paulo Freire	72
12	Francisco Rudiger	72
13	Pierre Bourdieu	69
14	Theodor Adorno	68
15	Harold Lasswell	66
16	Alfredo Bosi	64

17	Walter Lippmann	65
18	Edgar Morin	51
19	Manuel Castells	49
20	Ricardo Antunes	45
21	Pierre Levy	45
22	Helena Nagamine Brandão	43
23	Michel Thiollent	43
24	Michel de Certeau	42
25	Friedrich Schelling	41
26	Jacob Gorender	32
27	Maria Tereza Fleury	32
28	Clovis de Barros Filho	29
29	J. P. Netto & Falcão	29
30	David Harvey	28
31	Clifford Geertz	27
32	Carlo Ginzburg	26
33	Gabriel Cohn	24
34	Antonio Gramsci	23
35	Denis de Moraes	23
36	Margarida Kunsch	23
37	Umberto Eco	22
38	Jünger Habermas	22
39	Gianni Vattimo	22
40	Escosteguy	18

Finalmente, com relação aos autores citados nos projetos desenvolvidos pelos alunos do curso, temos a ressaltar que eles representam, justamente, aqueles pesquisadores que se detêm no estudo da comunicação a partir do cenário dinâmico e mutante do terceiro milênio. São autores que analisam a sociedade contemporânea em seus paradoxos e a comunicação como parte integrante desse contexto. Muitos desses estudiosos, como Jacob Gorender e Octavio Ianni, foram responsáveis por palestras e seminários que complementam as informações oferecidas no curso de Gestão da Comunicação. A referência que esse capital de conhecimento representa legitima o trabalho realizado.

f) Problemas

Análise crítica dos meios de comunicação	25
Reforço, organização e sistematização das práticas administrativas das instituições do terceiro setor (ONGs)	22
Utilização dos meios de comunicação em propostas pedagógicas	17
Melhor aproveitamento das atividades de comunicação das empresas	14
Reforço de processos culturais de pequenos grupos	13
Introdução da Comunicação no programa curricular das escolas	12
Integração de atividades culturais e extracurriculares nas atividades pedagógicas das escolas	11
Conflitos culturais em organização e empresas multinacionais	11
Uso de novas tecnologias – portais – internet e intranet	10
A influência da mídia na pauta das instituições públicas	10
A relação entre os meios de comunicação e a cultura organizacional	10
Promover a integração entre diferentes grupos, camadas e classes sociais	9
Desenvolvimento de relações e de sociabilidades em bairros e cidades	8
Criação, administração e manutenção de sites	7
Integração de departamentos, filiais e unidades de uma mesma instituição dispersos num amplo território	6
Reforçar os laços entre funcionários, alunos e funcionários nas escolas	5
Avaliação das campanhas de marketing em diferentes segmentos	5
Desenvolvimento de novos produtos	5
Produção, avaliação, distribuição de periódicos/impressos	4
Desenvolver projetos de inclusão social	4
Instituir sistemas de gerenciamento de informações	4
Resgate da identidade municipal nas cidades da Grande São Paulo	3
O desenvolvimento da mídia e dos processos de comunicação em municípios do estado de São Paulo	3
Desenvolvimento de processos de comunicação e educação a distância	3
O impacto do capitalismo pós-industrial nas organizações	3
Tratamento de pacientes com doença mental em sua relação com os meios de comunicação	2
Desenvolvimento de espaço de sociabilidade na escola	2
Avaliação de formação de comunicadores	2
Modificação de práticas sociais e atitudes preconceituosas	1
Total	231

A penúltima parte de nossas análises acerca da pesquisa realizada diz respeito aos problemas identificados pelos alunos ao ingressarem no Curso de Gestão da Comunicação e o Projeto de Intervenção desenvolvido, após as disciplinas cursadas, a bibliografia lida e a orientação realizada. É vasto o universo das questões exigidas hoje pelo gestor de comunicação. Em razão disso, a tabela criada procurou respeitar as especificidades e problemas referentes ao uso pedagógico dos meios de comunicação em sala de aula, contrariamente àqueles que julgam importante desenvolver uma atitude crítica dos escolares em relação aos meios de comunicação. Do mesmo modo, conflitos culturais em uma empresa, provenientes da fusão ou compra de empresa nacional por grupo estrangeiro, aparecem isolados dos problemas que enfrenta com comunicação externa dirigida a seus clientes. Apesar de ambos os problemas ocorrerem nas empresas, na tabela procurou-se privilegiar as diferenças, não agrupando essas duas questões sob a rubrica de "comunicação organizacional". Essa postura metodológica é orientada por nossos princípios que visam pensar a comunicação em seu contexto, especificidade e originalidade.

Entretanto, sentimos necessidade de pensar também em termos de grandes áreas e estratégias e procuramos juntar esses dados em torno de categorias mais amplas que se referem aos espaços em que tais problemas acontecem. Chegamos a dados muito interessantes que procuraremos analisar. Se reunirmos as informações obtidas nas categorias "comunicação nas empresas", "propostas pedagógicas", "terceiro setor", "empresas públicas", "novas tecnologias" e "sociabilidade de pequenos grupos", obteremos a seguinte tabela:

Comunicação nas empresas	49
Propostas pedagógicas	42
Sociabilidade de pequenos grupos	42
Mídia em geral	36
Novas tecnologias	24
Terceiro setor	22
Comunicação pública	16
Total	231

Esses dados são muito importantes, pois nos mostram que, apesar de as empresas serem as instituições que procuram desenvolver o setor de comunicação de forma mais racional, é aí que aparecem os maiores problemas, que podem eclodir nas relações internas entre departamentos e setores, entre funcionários, com as agências contratadas, com parceiros ou empregados terceirizados. Podem também surgir dificuldades no marketing, nas grandes empresas em relação à cultura local de suas filiais, no uso adequado dos meios de comunicação e ainda no conflito que se instala com as privatizações, quando uma empresa pública é invadida por outra filosofia de trabalho e valores sociais divergentes. Como se vê, é bastante amplo o leque de questões que fogem muito ao que se costuma denominar de comunicação organizacional ou institucional. É a especificidade que conta para ajudar o gestor a enfrentar esses obstáculos, desenvolvendo iniciativas eficazes e criativas.

Em segundo lugar nas categorias de problemas tratados no curso de Gestão da Comunicação estão as propostas pedagógicas, que também apresentam um amplo espectro de variantes: escolas que se mostram resistentes ao uso dos meios de comunicação de forma pedagógica, a necessidade de alfabetizar os alunos nas linguagens midiáticas, medidas educativas utilizadas em diversos ambientes fora da própria escola. De qualquer maneira, esses dados vêm assinalar a importância da inter-relação entre comunicação e educação.

A sociabilidade de pequenos grupos, apesar de apresentar a mesma quantidade de incidências que as propostas pedagógicas, nós a colocamos em terceiro lugar por representar uma variedade ainda maior de singularidades e espaços nos quais dificuldades aparecem. Trata-se de dificuldades no relacionamento com minorias – idosos, portadores de deficiência, imigrantes –, assim como a sociabilidade comprometida entre os moradores de uma região ou bairro. Obstáculos comunicacionais ocorrem também entre grupos de alunos, funcionários, associados em determinados espaços de convivência. A comunicação é vista como um mecanismo facilitador desse relacionamento e os gestores, como profissionais capazes de utilizá-la adequadamente.

Conflitos com a mídia em geral aparecem de forma significativa nos trabalhos apresentados pelos alunos de Gestão da Comunicação e dizem respeito, também, a uma diversa gama de questões, que vão desde relações comerciais e financeiras dos veículos, comprometendo o profissionalismo dos comunicadores, até entraves no desenvolvimento de mídias locais. Aparecem nessa categoria, ainda, as dificuldades dos veículos de comunicação em se renovar e a falta de diálogo das empresas de comunicação subordinadas a dirigentes excessivamente autoritários e centralizadores. O caráter familiar da maioria das empresas de pequeno e médio porte também é um empecilho ao bom desenvolvimento da comunicação. Mas todas essas propostas, de resolver os problemas comunicacionais de empresas e agências de comunicação, vão ao encontro do que Roger Silverstone apresenta em seu livro *Por que estudar a mídia*, no qual ele propõe:

> Queria que o estudo da mídia se destacasse destas páginas como uma tarefa humanista, mas também humana. Devia ser humanista em sua preocupação com o indivíduo e com o grupo. Era para ser humana no sentido de estabelecer uma lógica distinta, sensível a especificidades históricas e sociais e que recusasse as tiranias do determinismo tecnológico e social.[13]

Como entender e usar bem as novas tecnologias é assunto que aparece com frequência entre os problemas trabalhados pelos alunos de Gestão da Comunicação. São questões que abrangem a dificuldade de certos segmentos da população em fazer uso da internet e dos serviços disponibilizados por ela, e outras relativas às diferenças técnicas dos novos meios no que diz respeito

---

[13] SILVERSTONE, Roger. *Por que estudar a mídia?* São Paulo: Loyola, 2002. p. 10.

à elaboração das mensagens e à sua recepção. Muitos trabalhos procuram desvendar os segredos da educação a distância e as especificidades dos meios para garantir um bom aprendizado.

O terceiro setor é uma categoria que reúne diversos trabalhos que procuram dar conta dessa área emergente e cada vez mais importante e visível da sociedade. Como sistematizar a comunicação em entidades com parcos recursos, como manter contato com a sociedade e com parceiros, como trabalhar com voluntariado? Estas são algumas das muitas perguntas que os alunos de Gestão da Comunicação trazem para ser estudadas. Além dessas, há ainda problemas como transparência, respeitabilidade, ética e visibilidade dessas organizações.

A comunicação pública é uma área que, a cada ano, se torna mais presente. Setores do Estado, profissionais que atuam na área pública, empresas privadas que desempenham funções públicas estão cada vez mais interessados em desvendar os mistérios da comunicação para agir de forma mais eficaz e procedente com o cidadão. Há trabalhos que procuram na comunicação formas de agir sobre importantes problemas da sociedade civil, como a violência e a insegurança pública. Sabe-se que a comunicação pode fortalecer os sentimentos de pertencimento, as identidades e as formas de cidadania. Por isso, Thompson afirma que:

> [...] precisamos repensar o significado do "caráter público" hoje, num mundo permeado por novas formas de comunicação e de difusão de informações, onde os indivíduos são capazes de interagir com outros e observar pessoas e eventos sem sequer se encontrar no mesmo ambiente espaço-temporal.[14]

As tabelas criadas, sendo resultantes de análise qualitativa realizada sobre trabalhos densos e complexos, procuraram apreender os aspectos mais evidentes de cada monografia, mas

---

[14] THOMPSON, John B. *A mídia e a modernidade*. Petrópolis: Vozes, 1998. p. 72.

temos de reconhecer as dificuldades desse trabalho e o alto índice de interdisciplinaridade que tivemos de enfrentar. De qualquer maneira, procuramos identificar o aspecto mais enfatizado pelo autor, para decidir sobre sua alocação em uma ou outra categoria. Esse procedimento nos mostrou também o quanto as Ciências da Comunicação se mostram interdisciplinares, exatamente como apregoam os autores estudados.

g) Intervenções

Aliar diferentes meios de comunicação às atividades de comunicação nas empresas, tanto interna como externamente	29
Coordenação de processos de produção, distribuição e comercialização de processos de comunicação impressa	25
Melhor uso das mídias digitais e internet / comunicação a distância	21
Fortalecimento dos laços locais e o uso dos meios	18
Atividades pedagógicas como oficinas para o desenvolvimento da educação	15
A ampliação ao alcance da comunicação das organizações: religiosas, políticas e educacionais	12
Desenvolver projetos de comunicação através da mídia em órgãos públicos	11
O uso das mídias de forma democrática e cidadã	11
Formação de educomunicadores	11
Desenvolvimento de ferramentas midiáticas nas organizações	10
Produção de vídeo, material impresso e rádio na escola por estudantes	9
Resgate da história, da memória e do folclore de grupos locais	8
Produção midiática para desenvolver a cidadania e a participação de moradores de um bairro ou de uma pequena cidade	7
Desenvolvimento de projetos multimidiáticos envolvendo a internet	7
Desenvolvimento e fortalecimento dos laços associativos em agremiações profissionais e partidárias	6
Introdução das novas tecnologias da informação em escolas, empresas, igrejas etc.	6
Valorização da cultura local ante a globalização	5

Implantação de plataformas de comunicação abrangentes e tecnologicamente atualizadas	4
Criação de espaços artístico-culturais livres e abertos na escola	3
A produção dos meios de comunicação para grupos específicos (cegos, deficientes etc.)	3
Revisão de currículos escolares e universitários	3
Oficinas terapêuticas de comunicação	2
O uso das mídias no estreitamento das relações dos membros de uma associação religiosa	2
Consciência e respeito às diferenças culturais entre grupos, extratos e classes sociais	2
O uso de tecnologias da informação em processos de reengenharia das empresas	1
Total	**231**

Por fim, temos que fazer referência à última tabela, que mostra a diversidade de soluções propostas pelos alunos em seus projetos de intervenção. Orientados por leituras que lhes garantem uma visão não convencional da comunicação, pautados em pesquisa de campo e estudos de caso, estimulados por orientadores que os incentivam a pensar de forma inovadora, os gestores desenvolvem projetos articulados nos quais predominam o dialogismo, a valorização da recepção, a especificidade e a história das instituições, o respeito e a dignidade para com os interlocutores.

Encerraremos as análises com o que escreveu Guillermo Orozco Gómez na Apresentação da primeira edição do livro *Gestão de processos comunicacionais*, publicado em 2002, quando fala do profissional que, formado com as propostas do curso, se torna capaz de desenvolver projetos como os aqui comentados. Diz ele:

> A mudança proposta neste livro supõe rupturas epistemológicas, teóricas e metodológicas, sobretudo em três interseções: comunicação-política, comunicação-cultura e comunicação-educação. É uma mudança que aponta para a transformação substantiva do campo da Comunicação. Nessa direção, adquire pleno sentido a proposta de

formar um novo profissional da comunicação, um gestor comunicacional. Um profissional que, justamente por sua formação, se libere do deslumbramento tecnológico para ver além das tecnologias concretas, que possa enxergar a tecnicidade social homogeneizante que impera atualmente. Um profissional capaz de construir um compromisso não meramente instrumental, e sim político-cultural-educativo com a sociedade, com a comunicação e a cultura de seu tempo.[15]

Sem a formação desse profissional, este livro não teria sido possível.

Referência bibliográfica

ANDERSON, Benedict. As promessas do Estado-Nação para o início do século. In: HELLER, Agnes et al. *A crise dos paradigmas em ciências sociais e os desafios para o século XXI*. Rio de Janeiro: Contraponto, 1999.

AUGÉ, Marc. *Não lugares*; introdução a uma antropologia da supermodernidade. Campinas: Papirus, 1994.

BACCEGA, Maria Aparecida (org.). *Gestão de processos comunicacionais*. São Paulo: Atlas, 2002.

COSTA, Maria Cristina Castilho (org.). *Gestão da Comunicação*; Organizações Não Governamentais, terceiro setor, responsabilidade social e novas formas de cidadania. São Paulo: Atlas, 2006.

HABERMAS, Jürgen. *A constelação pós-nacional*. São Paulo: Littera Mundi, 1991.

HELLER, Agnes. Uma crise global da civilização; os desafios futuros. In: HELLER, Agnes et al. *A crise dos paradigmas em Ciências Sociais e os desafios para o século XXI*. Rio de Janeiro: Contraponto, 1999.

HOBSBAWNM, Eric. *Era dos extremos*: o breve século XX, 1914-1991. São Paulo: Companhia das Letras, 1995.

IANNI, Octavio. O príncipe eletrônico. In: BACCEGA, Maria Aparecida. *Gestão de processos comunicacionais*. São Paulo: Atlas, 2002.

---

[15] OROZCO GÓMEZ, Guillermo. Apresentação. In: BACCEGA, Maria Aparecida (org.). *Gestão de processos comunicacionais*. São Paulo: Atlas, 2002. p. 13.

MARTÍN-BARBERO, Jesús. O medo da mídia; política, televisão e novos modos de representação. In: DOWBOR, Ladislau et al. *Desafios da comunicação*. Petrópolis: Vozes, 2000.

SANTOS, Boaventura de Sousa. Reinventar a democracia. In: HELLER, Agnes et al. *A crise dos paradigmas em ciências sociais e os desafios para o século XXI*. Rio de Janeiro: Contraponto, 1999.

SILVERSTONE, Roger. *Por que estudar a mídia?* São Paulo: Loyola, 2002.

THOMPSON, John B. *A mídia e a modernidade*. Petrópolis: Vozes, 1998.

WINKIN, Yves. *A nova comunicação*. Campinas: Papirus, 1998.

Parte III
Gestão da Comunicação: oito projetos de intervenção bem-sucedidos

Nas próximas páginas há relatos de alguns projetos de intervenção desenvolvidos por alunos como trabalho de conclusão do curso de Pós-Graduação *Lato Sensu* Gestão da Comunicação da ECA-USP e publicados na seção Gestão da Comunicação da revista *Comunicação & Educação*, mantida pelo curso. Além de receberem a nota máxima, tais projetos obtiveram a menção distinção e louvor em suas defesas.

A comunicação como mediação nos museus de arte

Ana Paula Aleixo de Moura e Souza[*]

> *Eu vejo o futuro repetir o passado*
> *Eu vejo um museu de grandes novidades...*
> *O tempo não para.*
> Cazuza

O papel da comunicação em um museu de arte, entendida como um processo de mediação e não como um instrumento de divulgação, foi o tema do projeto de pesquisa desenvolvido no Curso de Gestão da Comunicação e realizado no Museu de Arte de São Paulo Assis Chateaubriand (Masp). Nosso objetivo foi analisar o papel da comunicação na cultura contemporânea, bem como a influência que exerce nas instituições culturais, sobretudo nos museus de arte.

O Masp, que nos últimos anos enfrenta uma situação de crise, com diminuição de exposições, de público e de investimentos, refletindo o que acontece com outros museus brasileiros, foi criado num momento de renovação das propostas para a cultura brasileira, com propósitos inovadores, voltado nitidamente a um grande público. Teve muita ascensão e por vários anos ofereceu uma programação cultural variada e intensa. Entretanto, a partir da segunda metade dos anos 1990, começou a enfrentar dificuldades financeiras, as quais só prejudicaram sua programação cultural. Em razão disso, a crise vivenciada pelo Masp

---

[*] Especialista em Gestão da Comunicação pela Escola de Comunicações e Artes da USP. E-mail: anapaula.aleixo@gmail.com.

despertou nosso interesse na avaliação de como a comunicação poderia atuar a favor dessa instituição. Para tanto, foi proposto um projeto de intervenção, no qual a atuação do gestor de comunicação torna-se fundamental.

Este projeto preocupa-se em despertar a atenção para diversos pontos relativos à inter-relação entre comunicação e cultura, a fim de, a partir daí, apresentar possibilidades de atuação dos museus de arte na contemporaneidade.

Os museus de arte são instituições que necessitam legitimar sua atuação nos dias de hoje – época marcada por heterogeneidade cultural e contrastes sociais. Diante desse cenário, pensar a comunicação de forma estratégica e como espaço de mediação torna-se um desafio constante. O projeto de intervenção sinaliza alguns desses desafios e propõe formas de atuação, para que os museus de arte efetivamente assumam seu papel de espaço de cultura e memória.

A formação do Museu[1]

Nas décadas de 1940 e 1950, São Paulo vivia momentos decisivos do processo de industrialização, marcada pela incorporação de tecnologias mais avançadas, migrações internas e intensa urbanização. Havia apenas dois museus na cidade: o Museu Paulista (Museu do Ipiranga) e a Pinacoteca do Estado, ambos solenes e conservadores.

A ideia de dar ao Brasil uma das melhores galerias de arte do mundo surgiu quando Assis Chateaubriand, em visita ao Museu do Ipiranga, observou três garotos extasiados diante de um modesto quadro. Os caminhos de Pietro Maria Bardi e

---

[1] Informações obtidas em: BARDI, Pietro M. *A história do Masp*. São Paulo: Empresa das Artes, 1992; Página web da Fundação Assis Chateaubriand (http://fac.correioweb.com.br); página web do Instituto Lina e P. M. Bardi (http://www.institutobardi.com.br); página web do Museu de Arte de São Paulo Assis Chateaubriand (http://www.masp.art.br).

Assis Chateubriand cruzaram-se em 1946, ano em que Bardi e a esposa, a conhecida arquiteta Lina Bo, mudaram-se para o Brasil. Chateubriand expôs a Bardi sua intenção e convidou-o para que assumisse a direção-geral da instituição. Firmava-se aí uma parceria que duraria mais de vinte anos.

Surgia assim o Museu de Arte que, pouco tempo depois, se tornou o Museu de Arte de São Paulo. O primeiro endereço foi o edifício-sede dos *Diários Associados*, na rua Sete de Abril. Anos depois, com a necessidade de uma nova sede, a concepção arquitetônica do Museu ficou sob responsabilidade de Lina Bo. A nova sede do Masp foi inaugurada em 8 de novembro de 1968, oito anos após o início de sua construção e sem que Chateubriand pudesse assisti-la. Havia falecido sete meses antes. Na cerimônia oficial, no Auditório do Masp, um grande quadro-negro estampava a frase de Rui Barbosa a todos os convidados: "Não se pode viver dentro da civilização e fora da arte". Em 17 de dezembro de 2003, a sede do Museu foi tombada pelo Instituto do Patrimônio Histórico e Artístico Nacional (Iphan).

O Masp hoje

A coleção do Masp é considerada a mais importante no hemisfério Sul na categoria de arte ocidental, e foi tombada pelo Iphan em 4 de dezembro de 1969. Possui cerca de 7 mil obras entre pinturas, esculturas, desenhos, gravuras, fotografias, documentos e objetos de desenho industrial, que cobrem um período de mais de 3 mil anos.

Em 1990 houve uma reestruturação administrativa e foram criadas as coordenadorias, com a intenção de descentralizar a tomada de decisões. Entretanto, a crise econômica provocada pelo governo Collor fez com que o Museu passasse por grandes dificuldades financeiras, inclusive tendo que cancelar exposições.

Na nova fase econômica do País, a estabilidade e a baixa cotação da moeda norte-americana obtidas pelo Plano Real possibilitaram ao Masp a realização de grandes investimentos em reformas e exposições. O Projeto de Revitalização do Masp foi realizado, ininterruptamente e sem o fechamento do Museu, ao longo de mais de cinco anos, com investimentos que atingiram 20 milhões de reais. Os anos seguintes caracterizaram-se pela produção de grandes exposições – que levaram quase um milhão de pessoas a visitar o Museu – e por uma mudança de estratégia junto do público visitante.

Em 2000 foi inaugurado o Masp Centro, na Galeria Prestes Maia, dirigido ao público jovem.

O Masp é regido por um conselho deliberativo, que indica o presidente e membros da diretoria. Abaixo dela encontram-se as coordenadorias, responsáveis pela administração e execução das atividades do Museu. Possui ainda um grupo de sócios que contribui tanto financeiramente como com a doação de obras. Não há um departamento específico de comunicação – a assessoria de imprensa é terceirizada e uma agência publicitária de grande porte realiza ações pontuais. Assim, as atividades de comunicação ficam diluídas entre os departamentos. As últimas exposições realizadas foram comunicadas, prioritariamente, pela assessoria de imprensa e pelo envio de e-mails.

Atualmente, as principais fontes de recursos financeiros do Museu são provenientes do setor privado, através de patrocínios, além da doação de materiais e equipamentos de empresas privadas. A Prefeitura de São Paulo é a única que contribui financeiramente – não há recursos oriundos nem do Governo Estadual nem do Federal.

Problema da pesquisa

Estudar o papel da comunicação em uma instituição museológica, a partir da realidade do maior e mais importante museu de São Paulo, torna-se relevante não só para o próprio museu, mas também para o campo cultural. Assim, o objeto de investigação do projeto foi a comunicação no museu de arte, em suas diversas instâncias com seu interlocutor, e o problema-foco: que papel a comunicação deve ter em um museu de arte, para ser entendida como um processo de mediação e não como um instrumento de divulgação?

São muitos os aspectos que permeiam a questão da comunicação do museu com seu público, de uma forma que transcende a mera divulgação de suas atividades e passa a exigir que ela seja vista como um espaço de diálogo, em que se considerem as condições socioculturais para o entendimento do museu por parte dos mais variados públicos. Tal complexidade e amplitude da relação entre o campo da Comunicação e o campo da Cultura, mais especificamente de um museu, faz com que seja necessário enquadrarmos alguns objetivos de acordo com temas a serem estudados:

- A comunicação nos museus de arte: compreender como a comunicação é entendida pelos administradores dos museus de arte e como se efetiva na prática.

- Identidade cultural: analisar como os processos comunicacionais podem intervir na legitimação do museu enquanto espaço de identidade cultural para diversos e variados públicos.

- A recepção do público: analisar de que maneira os processos de comunicação são realizados no sentido de favorecer a fruição e recepção estética e histórica por parte do público em uma exposição de arte, independentemente de seu repertório e "competência artística".[2]

A partir da contribuição teórica de Hall,[3] podemos afirmar que em tempos de globalização, em que o novo é priorizado, iden-

---

[2] Conhecimento, por parte de um indivíduo ou grupo, que lhe permite situar uma obra qualquer em seu contexto próprio (TEIXEIRA COELHO. *Dicionário crítico de política cultural*. São Paulo: Iluminuras, 1997).
[3] HALL, Stuart. *A identidade cultural na pós-modernidade*. Tradução Tomaz T. Silva e Guacira L. Louro. 8. ed. Rio de Janeiro: DP&A, 2003.

tidades são reformuladas e novas formas de representação cultural são construídas, o museu não é entendido como uma instituição capaz de se adequar às mudanças, sendo visto, assim, como um espaço tradicionalista e que guarda o antigo (especialmente os museus cujos acervos são tradicionais, como o Masp). O museu, assim, não é considerado espaço de memória e de identidade na época contemporânea, sobretudo para a grande parcela da população que não tem por hábito frequentá-lo.

Já relacionando ao pensamento de Canclini,[4] podemos supor que os museus ainda se veem dominados pelos padrões europeus e americanos, e não buscam uma identidade própria às instituições culturais latino-americanas.

O problema-foco de nossa pesquisa foi definido com base na comunicação dos museus de arte com seu público, a partir da realidade do Masp. Assim, foi necessário investigar como a comunicação vem sendo utilizada e de que forma poderia ser mais bem desenvolvida. Para isso, foram utilizadas diferentes metodologias de pesquisa, privilegiando-se os métodos qualitativos, os quais nos permitem uma apreensão mais profunda do objeto investigado. Identificamos como sendo dois os principais agentes: o público usuário (ou não) do museu e os administradores dessa instituição. A seleção da amostra segue critérios não estatísticos e, portanto, os resultados não poderão ser generalizados para todo e qualquer museu. O que nos interessa, entretanto, é revelar detalhes que uma abordagem quantitativa e estatística não faria.

Além da amostra, esse processo de investigação também teve um *corpus* composto de textos, matérias, livros e outros materiais, cujos conteúdos nos permitiram complementar as informações obtidas de nossa amostra.

---

[4] CANCLINI, Nestor G. *Culturas híbridas*; estratégias para entrar e sair da modernidade. Tradução Heloísa Pezza Cintrão, Ana Regina Lessa. São Paulo: Edusp, 2003. p. 69.

Neste trabalho, utilizamos ainda um método de observação indireta, por meio de entrevista em profundidade. Além do Museu de Arte de São Paulo, selecionamos dois outros museus de arte da capital para embasarmos nossa investigação – o Museu de Arte Contemporânea da Universidade de São Paulo (MAC-USP) e a Pinacoteca do Estado de São Paulo. A razão é a relevância dessas instituições no cenário cultural da cidade e, também, sua proposta de aproximação da população em geral, e não somente de seu público tradicional e costumeiro.

Com relação à seleção das pessoas entrevistadas, demos prioridade aos profissionais responsáveis pela comunicação no museu. As entrevistas foram realizadas pela pesquisadora e, sempre que possível, gravadas. Avaliou-se o conteúdo expresso pelo entrevistado, buscando, de forma objetiva e sistemática, encontrar elementos convergentes. A análise foi organizada com base nos temas apresentados no roteiro da entrevista.

Roteiro da entrevista

- Como o Museu compreende o papel da comunicação em sua atuação?
- Quais as atribuições do departamento ou do responsável pela comunicação.
- Como as estratégias e atividades são planejadas?
- Quais são os agentes externos que realizam ações de comunicação (assessoria de imprensa, agência de publicidade, agência de eventos). Como se dá essa relação?
- Com relação aos seguintes instrumentos de comunicação:
    - telemarketing;
    - website;
    - *mailing list*;
    - periódicos/revistas;

- folders;
- convites para exposições;
- guias de visitação;
- materiais educativos;
- catálogos;
- legendas/textos explicativos (de parede);
- outros materiais de divulgação das atividades;
- todos eles são realizados no Museu? Por quem e como?

- Quem faz e como se realizam os projetos de cenografia/museografia para as exposições? Existe a participação de outros departamentos do Museu no momento da concepção museográfica?
- Como é a relação entre o departamento de Ação Educativa e as áreas de Comunicação e Cenografia (existem ações planejadas e realizadas em conjunto)?
- Como o Museu classifica seu público?
- Existem ações de avaliação entre o público? Se existe, como são feitas?
- Há uma Associação de Amigos do Museu?
- Que pontos relativos à comunicação o Museu considera que estão funcionando. Quais gostaria que melhorassem ou fossem introduzidos à prática do Museu?

De maneira geral, os museus compreendem a importância da comunicação em seu trabalho; entretanto, na maioria das vezes ela ainda é praticada de maneira instrumental e pontual. A área ou o profissional de Comunicação é responsável por prestar serviços de divulgação aos outros departamentos e por comunicar externamente as atividades e serviços do museu. Pudemos notar o uso constante dos termos "visibilidade" e "divulgação", atrelados ao conceito de comunicação dos museus. É possível também perceber, especialmente nos casos do MAC e do Masp, que a ideia de comunicação expressa pelo profissional responsável distancia-se da ideia de comunicação efetivamente praticada e pregada pelas diretorias das instituições. Não houve referências por parte dos profissionais dos museus quanto ao papel integrador e mediador da comunicação, e que pode promover não só a atração dos visitantes, como configurar o museu como um espaço de produção e compartilhamento de significados.

De acordo com Martín-Barbero, "mediação significa que entre estímulo e resposta há um espesso espaço de crenças, costumes, sonhos, medos, tudo o que configura a cultura cotidiana".[5] É por conta disso que pensamos a comunicação como um processo de mediação, capaz de criar um canal de diálogo em que museu e público passem por um processo de transformação.

Se considerarmos que os museus, atualmente, têm o desafio de repensar suas estratégias de apresentação ao público, concluímos que também devem pensar em novas possibilidades de mediação, diferentes das tradicionalmente realizadas, levando em conta a heterogeneidade cultural e as contradições sociais de seu público. Para isso ocorrer, é necessário haver uma modificação no conceito de comunicação, de forma que esta não mais seja vista como uma ferramenta de divulgação, e sim como um espaço que permeia todas as relações existentes interna e externamente, desde a concepção das exposições, passando pelo conhecimento de seu interlocutor, até as formas adotadas de mediação entre obra/instituição e público.

Projeto de intervenção

Conforme mencionado na introdução deste trabalho, as propostas apresentadas sinalizam algumas possibilidades de atuação dos museus diante do cenário cultural contemporâneo. Pensando no Museu de Arte de São Paulo, nosso principal objeto

---

[5] MARTÍN-BARBERO, Jesús, apud SOARES, Ismar. *A inter-relação Comunicação-Educação*. Mimeografado.

de estudos, propomos uma série de intervenções no sentido de repensar sua atuação e sugerir modificações.

Profissionalizar a comunicação – As ações de comunicação são realizadas de forma diluída entre os departamentos. A Coordenadoria de Atendimento e Informática é responsável por parte delas, mas não há nenhuma integração com ações feitas pelas outras coordenadorias. É necessário que haja uma área/divisão exclusiva para a Comunicação.

Integrar a atuação da comunicação com as demais áreas – A área de Comunicação não pode ser vista como suporte ou unidade de apoio, e sim deve participar do processo de decisão em relação à programação de exposições, atividades e outros serviços dentro do Museu, bem como da elaboração dos materiais das outras áreas.

Aproximar-se dos agentes terceirizados – Especialmente com relação à agência de publicidade, é fundamental um trabalho mais próximo e integrado à realidade e aos propósitos do Museu. Muitas vezes os conteúdos dos anúncios publicitários poderiam ser mais bem trabalhados se houvesse a participação direta do profissional de comunicação.

Promover maior integração entre as áreas de Comunicação, Ação Educativa e Curadoria/Museografia – Este ponto é fundamental para que sejam realizadas exposições capazes de equilibrar estética e informação, espetáculo e conteúdo. A exposição, sendo ela mesma uma forma de comunicação, deve respeitar a diversidade e heterogeneidade do público. Não pode digerir conteúdos para diversos públicos, mas sim criar canais de diálogo com eles, utilizar diferentes níveis de linguagem para se comunicar. Daí a importância do trabalho de proximidade entre as áreas de Educação, Comunicação e Museografia.

Especialmente a relação entre comunicação e educação merece prioridade – Uma vez que o trabalho da ação educativa objetiva a formação de público, uma maior integração à área de Comunicação possibilitaria ao Museu estender seu trabalho a novos públicos.

Considerando a importância de realizar um trabalho que não se limite à escola, mas que se volte à família ou comunidade,[6] propomos: ações facilitadoras para o retorno dos alunos com seus pais (descontos ou convites), programação de atividades ligadas à família, cursos dirigidos aos pais e parcerias com entidades dedicadas à educação de adultos, programa de atividades direcionado a líderes comunitários e organizações civis dedicadas ao trabalho entre a população carente.

Conhecer o público – Para que possa realizar estratégias de mediação com os diferentes públicos, é necessário que o Museu conheça, principalmente, aqueles que normalmente não passam por um pré-cadastramento. O Masp tem uma localização privilegiada, onde circulam milhares de pessoas por dia. O que pensam do Museu? Se já o visitaram, que fatores foram motivadores? Se não visitaram, por que não o fizeram? Estas são apenas algumas das questões que subsidiarão o Museu de informações fundamentais para que possa repensar sua atuação.

Aproximar-se de universidades e agências de fomento – Um dos motivos apontados para a ausência de pesquisas de público é a falta de profissionais para realizá-las. Aproximar-se mais das universidades, para um trabalho em conjunto, gera uma forma de comunicação e leitura permanente do acervo e das exposições realizadas. Em todos os museus entrevistados foi mencionado o interesse de estudantes e professores universitários em realizar pesquisas. É possível aproveitar essa busca natural para que sejam feitas ações conjuntas, sobretudo para investigar com mais frequência os processos de recepção e reavaliar as atividades.

---

[6] GRINSPUM, Denise. *Educação para o patrimônio: museu e escola*; responsabilidade compartilhada na formação de públicos. 2000. Tese (Doutorado em Educação)–Faculdade de Educação, Universidade de São Paulo, São Paulo, 2000.

Assumir seu papel de espaço de cultura e memória – Quando mencionamos o termo "espaço de cultura", não nos referimos ao sentido físico, e que denomina comumente centros ou casas voltados a atividades artísticas e culturais variadas, mas ao sentido de espaço de preservação da memória, de produção e compartilhamento de significados, de identidade cultural. Ressaltamos que a preservação da memória não se limita à conservação dos testemunhos materiais (obras), pois a memória "situa-se na relação entre o sujeito e o objeto de memorização".[7] Isso significa que o Museu deve assumir a sua função pública, resgatando a diretriz proposta por P. M. Bardi, de museu vivo. Para isso, deve se voltar para a comunidade, abrir-se não só fisicamente, mas também em termos de conteúdo. As atividades realizadas pelo Serviço Educativo já apontam nessa direção, mas é necessário ampliá-las a outros grupos, como entidades sociais, sindicatos, comitês etc., como forma de o museu não ser mais um espaço de legitimação e identidade apenas para a cultura de elite. Uma ação importante é a facilitação do acesso do público de menor poder aquisitivo por meio do barateamento do ingresso. O incentivo pode ocorrer em um dia específico para não comprometer a sustentabilidade financeira da instituição, mas deve coincidir com os dias de folga da maior parte da população, portanto, sábado ou domingo.

Estreitar o laço entre os museus – É fundamental a formação de uma rede de museus, para potencializar sua atuação de forma integrada. Poderia ser constituída através de um comitê permanente dos museus da cidade de São Paulo, com o objetivo de organizar calendários, realizar ações conjuntas (mostras, circuitos), publicações e até mesmo pesquisas em parceria. O Museu também poderia aproximar-se de outras entidades culturais, como grupos de teatro, orquestras, corais etc., visando à realização de

---

[7] CHAGAS, Mario. Cultura, patrimônio e memória. *Revista Museu*. Disponível em: <http://www.revistamuseu.com.br>. Acesso em: 10 maio 2005.

programações que apresentassem linguagens artísticas variadas, porém com um mesmo tema. Com isso, haveria o fortalecimento dos laços institucionais do Masp dentro do setor cultural, bem como a sua aproximação a novos públicos.

O gestor e os espaços da comunicação

Defendemos que a comunicação no Museu tem de ser pensada como um processo de mediação. Deve haver, portanto, um trabalho não só voltado a ações pontuais e operacionais, mas também que pense o espaço comunicativo do Museu de forma contínua e integrada. Quando falamos de espaço comunicativo, não nos limitamos a processos somente de emissão e recepção, conforme nos aponta Baccega: "Para os estudos e a prática dos processos comunicacionais, nem só a emissão, nem só a recepção: o homem vive e se forma na práxis, da qual é parte integrante".[8]

Portanto, consideramos que a atuação do gestor dentro do Museu deve abranger todos os processos de comunicação que constituem o espaço museológico – comunicação externa, acolhimento do visitante, cenografia/museografia, instrumentos de mediação –, ou seja, todas as possibilidades de diálogo que o público terá com a instituição. O gestor de comunicação no Museu deve abrir tantas possibilidades de diálogo com o público quantas forem possíveis.

O público deve perceber que tem vez e voz dentro do ambiente museológico, para que não se sinta intimidado ou oprimido pela eventual falta de repertório e competência artística. Estes mecanismos de diálogo precisam ser constantes, não se restringindo a exposições temporárias ou eventos isolados, como forma de conscientizar o público de que o Museu é um patrimônio que lhe pertence, e não um ambiente alheio e distante de sua realidade.

---

[8] BACCEGA, Maria Aparecida. O gestor e o campo da Comunicação. In: BACCEGA, Maria Aparecida (org.). *Gestão de processos comunicacionais*. São Paulo: Atlas, 2002.

Referências bibliográficas

BACCEGA, Maria Aparecida. O gestor e o campo da Comunicação. In: BACCEGA, Maria Aparecida (org.). *Gestão de processos comunicacionais*. São Paulo: Atlas, 2002.

BARDI, Pietro M. *A história do Masp*. São Paulo: Empresa das Artes, 1992.

CANCLINI, Nestor G. *Culturas híbridas*: estratégias para entrar e sair da modernidade. Tradução de Heloísa Pezza Cintrão e Ana Regina Lessa. São Paulo: Edusp, 2003.

CHAGAS, Mario. Cultura, patrimônio e memória. *Revista Museu*. Disponível em: <http://www.revistamuseu.com.br>. Acesso em: 10 maio 2005.

GRINSPUM, Denise. *Educação para o patrimônio: museu e escola*; responsabilidade compartilhada na formação de públicos. 2000. Tese (Doutorado em Educação) – Faculdade de Educação, Universidade de São Paulo, São Paulo, 2000.

HALL, Stuart. *A identidade cultural na pós-modernidade*. Tradução de Tomaz T. Silva e Guacira L. Louro. 8. ed. Rio de Janeiro: DP&A, 2003.

MARTÍN-BARBERO, Jesús, apud SOARES, Ismar. *A inter-relação Comunicação-Educação*. Mimeografado.

TEIXEIRA COELHO. *Dicionário crítico de política cultural*. São Paulo: Iluminuras, 1997.

Endereços eletrônicos

Fundação Assis Chateaubriand – <http://fac.correioweb.com.br>.

Instituto Lina e P. M. Bardi – <http://www.institutobardi.com.br>.

Museu de Arte de São Paulo Assis Chateaubriand – <http://www.masp.art.br>.

A luta contra o desemprego: os portões de fogo da atualidade

Luciano Somenzari*

Como a comunicação pode auxiliar na batalha contra o desemprego, problema que afeta milhões de famílias brasileiras? Esse é o tema geral do projeto de pesquisa desenvolvido no curso de Gestão da Comunicação, apresentado à matriz da Central de Trabalho e Renda – CTR, ligada à Central Única dos Trabalhadores – CUT, localizada na cidade de Santo André, na região do ABC paulista.**

A Central de Trabalho e Renda é uma agência pública de emprego que oferece gratuitamente ao trabalhador sem ocupação profissional serviços para sua recolocação no mercado formal de trabalho, além de orientação a fim de que ele possa buscar outras possibilidades de renda, por meio de cooperativas, empresas de autogestão, empreendedorismo popular etc. Dentro da concepção de funcionamento da CTR, há uma nítida preocupação com vários aspectos da formação humana do trabalhador, relacionados à cidadania e à consciência política, que podem ser entendidos como elementos de apoio a atitudes que, em última instância, buscam coletivamente o combate das injustiças sociais.

---

* Jornalista, especialista em Gestão de Processos Comunicacionais, e diretor de comunicação da Prefeitura de Santo André. E-mail: lucianosomenzari@uol.com.br.
** ABC paulista, região do Grande ABC ou ABCD, é um conjunto industrial formado por sete municípios da região Metropolitana de São Paulo: Santo André (A), São Bernardo do Campo (B), São Caetano do Sul (C), Diadema (D), Mauá, Ribeirão Pires e Rio Grande da Serra. Santo André possui a maior população rotativa; cerca de três milhões de pessoas circulam pela cidade todos os dias. (N.E.)

Passam diariamente pela CTR em Santo André cerca de 600 pessoas, em média, que esperam por volta de duas horas para ser atendidas. Convém esclarecer que também existem unidades em outras cidades da região e em São Paulo; no entanto, esta pesquisa ficou restrita à matriz, por atender a um número maior de pessoas.

Além da CUT, a agência também tem como parceira a Prefeitura de Santo André, que contribui financeiramente para a manutenção da Central e desenvolve programas específicos para o trabalhador, como cursos de Requalificação Profissional, Empreendedor Popular, Incubação de Cooperativas, Banco do Povo (para financiar pequenos negócios), entre outros.

O grande desafio da Central de Trabalho e Renda não é apenas ajudar o trabalhador em plenas condições profissionais a conquistar uma vaga em um mercado de trabalho extremamente competitivo, mas auxiliar uma legião de pessoas que dificilmente terão oportunidade de ser empregadas dentro das regras tradicionais da economia capitalista. Para estas, é necessário desenvolver novas possibilidades de obtenção de renda.

O presente estudo pretende contribuir para a superação desses desafios, utilizando a comunicação e todo seu instrumental teórico e prático. Para tanto, é fundamental entender como se dão os processos de comunicação mantidos pela Central de Trabalho e Renda e, sobretudo, como o trabalhador responde a eles, a partir do seu contexto social, econômico e cultural. Esse entendimento precisa ser fundamentado em bases científicas com os devidos critérios metodológicos de pesquisa, sem os quais qualquer proposta de intervenção em um processo comunicacional, objetivo deste trabalho, cairá na vala do senso comum.

Desemprego: o flagelo nacional

O fenômeno do desemprego começou a atingir com mais contundência a População Economicamente Ativa (PEA) no Brasil a partir dos anos 1980. Por PEA compreende-se as pessoas com mais de 10 anos de idade que se encontram trabalhando ou à procura de emprego.

Da década de 1980 até 1999, o crescimento econômico brasileiro foi, em média, de 2,1% ao ano, índice bem inferior ao registrado entre os anos de 1950 e 1980, quando o país dava saltos de crescimentos que batiam a marca dos 7% ao ano.[1] Com a economia apenas patinando, uma das consequências mais diretas tem sido o comprometimento na absorção de mão de obra, principalmente dos assalariados com carteira assinada.

Durante a década de 1990, a cada dez empregos criados somente dois eram assalariados, mesmo assim sem registro formal.

Em 1999, por exemplo, o Brasil assumiu a terceira posição no ranking mundial do desemprego, pois tinha, segundo dados da PNAD (Pesquisa Nacional por Amostra de Domicílios), do IBGE, 7,6 milhões de pessoas sem trabalho. No total, o Brasil perdeu apenas para a Índia, Indonésia e Rússia.[2]

Nos anos 1990, o problema do desemprego se agravou ainda mais depois de uma extraordinária mudança na política econômica inicialmente adotada no governo Fernando Collor de Mello (1990-1992) – posteriormente consolidada por Fernando Henrique Cardoso, eleito e reeleito presidente da República (1994-1998 e 1999-2002). Com o argumento de promover mais competitividade na economia brasileira ante os países desenvolvidos, e intenção manifesta de impulsionar o crescimento econômico sustentado por investimentos externos, foi criada no governo Collor a Política Industrial de Comércio Externo (PICE), fundamentada em três pontos básicos:

---

[1] POCHMANN, Márcio. *O emprego na globalização*. São Paulo: Boitempo, 2002. p. 26.
[2] Ibid., p. 28.

1) Abertura comercial, que obrigou as empresas brasileiras a investirem em novas tecnologias e a baixarem custos para concorrer com os produtos importados. As empresas do setor secundário da economia que sobreviveram passaram a demitir trabalhadores em massa, para, posteriormente, contratar mão de obra com salários mais baixos e com exigência de qualificações compatíveis com as novas tecnologias de produção.

2) Reformulação do papel do Estado, em que foi promovido um gigantesco processo de privatização de inúmeras empresas públicas, notadamente os setores de telefonia, energético e financeiro. Verificou-se, sobretudo no governo de Fernando Henrique Cardoso, uma imensa transferência de patrimônio público para as mãos do setor privado de capital internacional. Ainda, como parte da reformulação do papel do Estado, foram promovidas importantes reformas na administração pública, a partir de uma definição de Estado Mínimo, ou seja, diminuir ao mínimo o papel do Estado na sociedade, restringindo-o a funções meramente regulatórias e básicas, como o provimento de saúde, segurança e principalmente educação. Um dos corolários dessas medidas foi a chamada flexibilização da mão de obra, ou seja, a precarização das relações de trabalho, com aumentos nos índices de subemprego, terceirização de empregados e consequente queda de renda dos trabalhadores.

3) Estabilidade monetária ancorada no dólar, como medida para acabar com a hiperinflação, que assolou o Brasil durante quase toda a década de 1980. Com a valorização da moeda nacional ante o dólar, houve a clara intenção de incrementar ainda mais as importações e fazer jus à abertura comercial instituída três anos antes. A estabilização monetária através da chamada âncora cambial também contemplava a definitiva inserção do Brasil no mercado mundial, que permitiu novas bases para endividamento externo e atração de investimentos estrangeiros.

O Consenso de Washington

Os procedimentos da nova política econômica iniciada no governo Collor e consolidada no governo Fernando Henrique Cardoso são frutos de um conjunto de diretrizes formuladas em 1989 por um grupo de acadêmicos, funcionários de governo e economistas norte-americanos, junto com dirigentes do Banco Mundial e do Fundo Monetário Internacional (FMI). Dessas diretrizes resultou o documento denominado Consenso de Washington, que prega, além dos pontos mencionados e praticados no Brasil a partir de 1990, medidas como o estabelecimento de uma rígida disciplina fiscal, proteção da propriedade privada, priorização de gastos públicos em educação e saúde, implementação de uma ampla desregulamentação econômica, entre outras.

As diretrizes do Consenso de Washington foram largamente utilizadas em vários países da América Latina e acabaram mostrando-se eficientes nas medidas de controle da inflação. Contudo, "no plano social as consequências foram desalentadoras: um misto de desemprego, recessão e baixos salários, conjugado com um crescimento econômico insuficiente, revela a outra face dessa moeda".[3]

A receita preconizada pelo Consenso de Washington chega à esteira do fenômeno da globalização da economia, em que predominam, por exemplo, o livre fluxo internacional de capital financeiro, a expansão de grandes oligopólios transnacionais, a concentração da riqueza entre os países do hemisfério norte em detrimento dos do hemisfério sul. Na verdade, a globalização é um fenômeno que ultrapassa a esfera econômica e atinge todos os aspectos da sociedade contemporânea. Trata-se, nas palavras de Octavio Ianni, de um novo paradigma nas Ciências Sociais, "um universo múltiplo, uma sociedade desigual e contraditória, envolvendo economia, política,

---

[3] SANDRONI, Paulo (ed.). *Novíssimo Dicionário de Economia*. 6. ed. São Paulo: Best Seller, 2001. p. 213.

geografia, história, cultura, religião, língua, tradição, identidade, etnicismo, fundamentalismo, ideologia, utopia".[4]

No processo de globalização da economia, o desemprego em alta escala passa a ser configurado como estrutural e perene, não mais fruto de uma simples circunstância dos ciclos alternados de expansão e depressão do atual modo de produção. É tão estrutural quanto a crise do capitalismo. Para autores como Immanuel Wallerstein,[5] Ricardo Antunes[6] e Robert Kurz,[7] a crescente exaustão da capacidade de expansão do lucro, o consequente comprometimento da acumulação do capital, o uso da força de trabalho como um fim em si mesmo e a brutal desigualdade entre países ricos e pobres são sinais expressivos da crise sem precedentes no sistema capitalista.

Como resposta à própria crise, iniciou-se um processo de reorganização do capital e de seu sistema ideológico e político de dominação, cujos contornos mais evidentes foram o advento do neoliberalismo, com a privatização do Estado, a desregulamentação dos direitos do trabalho e a desmontagem do setor produtivo estatal, da qual a era Thatcher-Reagan foi expressão mais forte; a isso se seguiu também um intenso processo de reestruturação da produção e do trabalho, com vistas a dotar o capital do instrumental necessário para tentar repor os patamares de expansão anteriores.[8]

Em reação à permanente instabilidade da economia mundial das últimas décadas, os preceitos apregoados pelos economistas e teóricos do Estado Mínimo passam a ser receitados a todos os paí-

---

[4] IANNI, Octavio. Globalização: novo paradigma das Ciências Sociais. *Estudos avançados*. São Paulo: USP/Ipea, v. 8, n. 21, p. 154, 1994.
[5] WALLERSTEIN, Immanuel. Uma política de esquerda para o século XXI? Ou teoria e práxis novamente. In: CEVASCO, Maria E.; LEITE, José C.; LOUREIRO, Isabel (orgs.). *O espírito de Porto Alegre*. São Paulo: Paz e Terra, 2002.
[6] ANTUNES, Ricardo. *Os sentidos do trabalho*; ensaios sobre a afirmação e a negação do trabalho. São Paulo: Boitempo, 2003.
[7] KURZ, Robert. *O colapso da modernização*; da derrocada do socialismo de caserna à crise da economia mundial. São Paulo: Paz e Terra, 1993.
[8] ANTUNES, op. cit.

ses pobres como único caminho possível para não apenas enfrentar as constantes crises, mas, sobretudo, adentrar definitivamente ao seleto grupo das nações desenvolvidas. O canto da sereia entoado pela onda liberal capitalista se sentiu desimpedido para invadir os ouvidos de todo o globo, uma vez que o seu contraponto, as economias centralmente planificadas dos países socialistas, havia sucumbido com a queda do Muro de Berlim, no final dos anos 1980.

O problema de pesquisa

Diante do cenário macroeconômico exposto, contextualizando o problema estrutural do desemprego na sociedade brasileira, voltamos ao trabalho desenvolvido pela Central de Trabalho e Renda, na cidade de Santo André. Cidade, aliás, de perfil industrial que sofreu imensamente com a fuga, a falência e a fusão de empresas, resultado das mudanças econômicas implementadas no início dos anos 1990.

Propomos analisar todo o processo de comunicação relacionado ao atendimento dos trabalhadores, além da relação da CTR com o poder público local e com as empresas localizadas na região do ABC, potenciais empregadoras.

Pretendemos verificar quais as falhas presentes nesse processo e avaliar o que pode ser feito para corrigi-las. A partir de uma análise preliminar, foi possível levantar alguns pressupostos relacionados à comunicação:

- Não existe um planejamento que preveja uma atuação conjunta das ações de comunicação. Percebe-se que a maioria das iniciativas, como a divulgação dos serviços da CTR, é feita isoladamente.

- O trabalhador dispõe de pouquíssimos canais para estabelecer formas de diálogo com a CTR.

- Há deficiências na divulgação das atividades que a CTR desenvolve, à exceção das vagas de trabalho oferecidas.

- Também há deficiências na relação da CTR com o poder público local, agente importantíssimo na formulação e implementação de políticas públicas para o trabalhador.

Por estarmos neste trabalho tratando essencialmente de assuntos relativos a humanidades, cabe jogar mais peso à interpretação dos fatos observados acerca do que Guillermo Orozco Gómez chama de paradigma hermenêutico na produção de conhecimentos.

> A importância de ter certa fidelidade na interpretação é a possibilidade não só de entender, mas de modificar aquilo que se entende, e de poder alcançar novos conhecimentos mais profundos ou mais amplos de um primeiro conhecimento obtido.[9]

A partir destas considerações, seguem os resultados das pesquisas de campo realizadas na Central de Trabalho e Renda. Optamos por dois formatos:

1) Questionário com perguntas abertas e fechadas entregue aos usuários da Central de Trabalho e Renda, e outro questionário, com perguntas abertas, enviado por e-mail a dois empregadores acostumados a usar os serviços da CTR.

2) Grupo de foco: três grupos de discussão com oito integrantes em cada um, também todos usuários da CTR.

Questionário aplicado

Um questionário foi distribuído a cem usuários da Central de Trabalho e Renda, de Santo André. Trata-se de uma pesquisa inicial para identificar o grau de informação que os trabalhadores possuem dos serviços oferecidos e, eventualmente, por quais veículos de comunicação (folhetos, jornal, boca a boca, funcionários etc.) esses trabalhadores foram informados.

---

[9] OROZCO GÓMEZ, Guillermo. *La investigación en comunicación desde la perspectiva cualitativa*. La Plata: Univ. Nacional de la Plata, 1997. p. 34. Tradução livre.

Tal questionário também teve por objetivo coletar outras informações que possam subsidiar a preparação de uma outra pesquisa, mais aprofundada, a ser realizada segundo as técnicas do grupo de foco, ou grupo de discussão.

A aplicação do questionário foi feita aleatoriamente pelo pesquisador durante a manhã de dois dias no salão da Central de Trabalho e Renda, onde os trabalhadores aguardam atendimento.

O único critério seletivo foi a exigência de que o trabalhador já fosse cadastrado na CTR e, portanto, já tivesse frequentado pelo menos uma vez aquelas dependências. Isso aumentou as chances de os questionários serem respondidos por pessoas que já haviam tido algum contato com os serviços oferecidos pela CTR.

O questionário, composto de oito perguntas (fechadas e abertas), foi entregue aos pesquisados para preenchimento. Os resultados foram os seguintes:

1) Como você soube da existência da Central de Trabalho e Renda?
   Pelos amigos 44%
   Pelos jornais 30%
   Pelos familiares 19%
   Pela televisão 6%
   Pela internet 3%
   Outros 2%
   Pelo rádio 1%
   Por folhetos de divulgação 1%

2) Você poderia citar os serviços que a Central de Trabalho e Renda oferece? (Questão aberta)*
   Mostra estar informado 42%
   Mostra estar pouco informado 2%
   Mostra não ter nenhuma informação 6%

---

* Esses resultados foram elaborados a partir das citações dos usuários. Quando eram feitas até duas citações de serviços, utilizou-se o critério de classificar aquele usuário como de "pouco conhecimento". Quando houve mais de

dois serviços citados, fica relativamente claro que o consulente "mostra conhecimento" do assunto. Nos casos em que está explicitamente escrito "não sei" ou outra resposta parecida, considerou-se que o usuário não tem nenhum conhecimento.

3) Dos serviços oferecidos, qual ou quais você considera mais importantes?
   Pesquisa de vagas para emprego 79%
   Curso de orientação profissional 28%
   Palestras 20%
   Emissão de Carteira de Trabalho 15%
   Informações sobre FGTS 14%
   Seguro-desemprego 10%
   Outros 1%

4) Você já participou de alguma palestra?**
   Não 73%
   Sim 27%

** As palestras são ministradas pelos próprios consultores da CTR e tratam de temas sobre desemprego, como elaborar um currículo, como se portar em entrevistas, alternativas de trabalho, como cooperativismo e empresas de autogestão etc.

5) Se você já participou, como ficou sabendo?
   Pelos alto-falantes no salão de espera 9%
   Convite pessoal de algum funcionário da CTR 7%
   Por folhetos 6%
   Por intermédio de um amigo ou conhecido 2%
   Outros meios 2%

6) Para você, o que foi discutido na (nas) palestra(s):
   Foi importante para minha vida profissional e pessoal 12%
   Foi muito importante para minha vida profissional
   e pessoal 11%
   Foi pouco importante para minha vida profissional
   e pessoal 2%
   Não teve nenhuma importância para mim 1%

7) Por que você acha que existe tanto desemprego? (Questão aberta)***

Por causa do governo/políticos (altos impostos, alta taxa de juros, abertura econômica, falta de investimentos na economia, sistema capitalista, corrupção, informalidade no mercado de trabalho, crise econômica, desigualdade social) 61%
Por causa das empresas (muitas exigências, falta de registro em carteira, desejo insaciável de lucro, pouca disposição em abrir novos postos de trabalho, preferem empregar jovens, corte de mão de obra para baixar custos) 30%
Baixa qualificação profissional dos trabalhadores (poucos investimentos na formação profissional das pessoas) ... 16%
Falta de oportunidades oferecidas pelas empresas 14%
Crescimento populacional que aumenta a concorrência por empregos 4%
Pouca solidariedade entre as pessoas (cada um pensa só em si, muitos têm dois empregos enquanto a maioria não tem nenhum) 3%
Excesso de aposentados ocupando vagas de pessoas que precisam trabalhar 1%
Globalização 1%

***Nota-se que a soma dos percentuais desta questão excedem os 100%. Isso ocorre porque, em mais de 90% das respostas, os pesquisados apontaram mais de um motivo que explicaria as razões do desemprego.

8) Se achar necessário, dê sugestões para melhorar a troca de informações entre a Central e os usuários. (Questão aberta)

Mais atenção e agilidade no atendimento 5%
Possibilidade de pesquisar vagas por telefone/internet ... 4%
Expor de maneira organizada as vagas oferecidas para consulta 2%
Deixar funcionários da CTR à disposição para tirar dúvidas dos usuários durante o período de espera 1%
Enviar informes da CTR pelo correio 1%

Grupo de discussão

Com o intuito de ter uma avaliação mais detalhada dos serviços prestados pela Central de Trabalho e Renda, decidimos por uma pesquisa usando como metodologia a técnica de grupo de foco. Trata-se de uma modalidade de entrevista realizada em grupo composto de, no mínimo, seis e, no máximo, 12 pessoas que tenham interesses comuns. Esse grupo é conduzido por um moderador que segue um "roteiro com o propósito de atingir os objetivos pretendidos pelo pesquisador".[10] Além dos pesquisados e do moderador, o grupo de foco é composto de um ou mais observadores. A intenção é criar um ambiente informal a fim de que as pessoas se sintam à vontade para expressar suas ideias, expectativas, desejos e sentimentos.

Nas discussões em grupo, o mediador seguiu um roteiro contendo questões relacionadas a hábitos na procura por emprego, serviços da CTR, atendimento, ambiente de espera, dependências, conteúdo das orientações profissionais etc.

De acordo com as informações obtidas por meio das discussões dos grupos de foco, podemos identificar os seguintes pontos:

• A procura pelo emprego não mede esforços. Os candidatos se submetem a longas esperas e a percorrer grandes distâncias quando concorrem a uma vaga. Leem jornais (de preferência gratuitos) e geralmente realizam outra atividade como hobby, além de bicos para ajudar (ou sustentar) o orçamento doméstico.

• Existe uma predisposição bastante grande para participar ou contribuir com qualquer tipo de atividade que a CTR venha a oferecer, sobretudo as relacionadas ao mundo do trabalho.

---

[10] LEITÃO, Bárbara Júlia M. *Grupos de foco*; o uso da metodologia de avaliação qualitativa como suporte complementar à avaliação quantitativa realizada pelo Sistema de Bibliotecas da USP. 2003. 131 f. Dissertação (Mestrado em Ciências da Comunicação)–Escola de Comunicações e Artes, Universidade de São Paulo, São Paulo, 2003. p. 53.

- A possibilidade de frequentar cursos para enriquecimento e atualização profissional é considerada de extrema importância para enfrentar o exigente mercado de trabalho.

- A Central de Trabalho e Renda, assim como outras agências de emprego, é reconhecida como entidade que facilita a vida do desempregado, o qual não precisa perambular aleatoriamente pelas empresas à procura de vagas.

- Os pesquisados afirmam que o bom atendimento depende muito da disposição e da personalidade do atendente. Querem que estes sejam atenciosos, saibam ouvir, mostrem dedicação na busca de uma vaga compatível com o perfil do trabalhador e, por fim, incentivem-no a não desistir do seu objetivo.

- Gostariam que os empregadores fossem mais flexíveis no processo de seleção para uma vaga de emprego. Os trabalhadores querem ter a oportunidade de mostrar todas as suas qualidades profissionais e, com isso, aumentar suas chances de ocupar uma função que já tenham exercido, mas não esteja registrada na carteira profissional ou não conste nas cartas de apresentação. Na verdade, o contexto da palavra "oportunidade", que aparece com frequência em uma pergunta aberta do questionário, fica mais claro na pesquisa com os grupos de foco. Reclamam justamente de falta de oportunidade por parte do empregador, uma vez que este não leva em consideração informações importantes sobre o perfil profissional dos trabalhadores. Informações que muitas vezes não estão suficientemente destacadas em nenhum documento (carteira profissional, currículo, carta de apresentação etc.).

- Mostram-se dispostos a realizar alguma atividade durante o tempo em que esperam para ser atendidos, ainda que seja apenas assistir à TV. Há um interesse grande por informações, principalmente do mercado de trabalho, que poderiam ser veiculadas por um telão ou por exemplares de jornais e revistas colocados à disposição dos trabalhadores.

- A pesquisa por vagas é um dos pontos principais de atenção. Gostariam que fosse mais ágil e rápida. É importante notar que o longo período de espera na CTR se deve, em grande parte dos casos, ao enorme número de trabalhadores que retornam à entidade apenas para saber se apareceu alguma vaga compatível com o seu perfil profissional. Muitos prefeririam uma consulta por serviço telefônico gratuito para, desse modo, não ter de se deslocar à CTR. Sugerem total remodelação do quadro no salão de espera onde ficam afixadas as vagas disponíveis do período.

- Problemas relacionados ao transporte coletivo são outro ponto de muita atenção por parte dos trabalhadores. A maioria dos empregadores, por contenção de gastos, nega-se a fornecer vale-transporte para quem é obrigado a tomar mais de dois ônibus. A concessão de vale-transporte pelas empresas é um direito regulamentado por lei e isso, na opinião dos pesquisados, acaba dificultando a conquista de uma vaga. O temor de um eventual processo judicial, no caso de um empregado não beneficiado reclamar do seu direito na Justiça, estaria inibindo as empresas a contratar. Por isso, preferem que a CTR os encaminhem para empresas próximas a sua residência.

- As palestras são os principais itens apontados como diferencial em relação a outras agências de emprego. Elogiam a atividade e todos, de alguma forma, manifestaram interesse em participar. A opinião corrente entre os depoentes é que também as palestras servem de atualização para quem está fora do mercado de trabalho. Mesmo a que trata especificamente do tema desemprego é considerada importante e não cogitaram substituí-la ou, ainda, eliminá-la. Vale ressaltar que essa palestra é a menos procurada pelos trabalhadores que vão à Central de Trabalho e Renda.

- A divulgação das palestras é bastante falha, fato que também aparece explicitamente na pesquisa dos grupos de foco.

Proposta de intervenção

Diante dos resultados mostrados a partir das pesquisas de campo realizadas, sugerimos a elaboração de um plano de comunicação que intervenha nos segmentos e nos processos de atendimento ao trabalhador, nas relações com as empresas empregadoras e nas operações conjuntas desenvolvidas com a Prefeitura de Santo André.

Esse plano de comunicação precisa levar em conta duas premissas fundamentais:

1) Aprimorar o diálogo com os usuários da Central de Trabalho e Renda, melhorando ou criando canais de interlocução.

2) Preparar o trabalhador para que tenha condições de escolher ou criar novas oportunidades de obtenção de renda, diante de uma escassez irreversível, ao que tudo indica, de vagas de emprego nos moldes tradicionais da economia.

Não é por acaso que na sociedade de produção e consumo de massa o que mais se dissemina como apelo de marketing é a ideia segundo a qual o cliente precisa ser tratado como se fosse único, especial ou, para usar o jargão da moda, ter tratamento customizado. É inegável que ninguém quer ser atendido como apenas mais um nas organizações prestadoras de serviço, sejam públicas ou privadas. Cada vez mais as pessoas se manifestam com o nítido propósito de buscar canais de comunicação que lhes abram espaços para expressar suas opiniões, sentimentos, dúvidas, angústias, sugestões.

As pesquisas realizadas na Central de Trabalho e Renda remetem para essa mesma tendência: o trabalhador que procura a CTR quer ser ouvido e deseja que sua expressão seja respeitada, de modo a estabelecer um diálogo, um relacionamento mais consistente que uma simples relação cliente/prestador de serviço.

Uma outra questão crucial é para onde encaminhar um contingente crescente de pessoas à procura de empregos que deixaram de existir ou que vêm minguando à medida que surgem novas técnicas de administração e de produção? Cabe ressaltar que o fenômeno não atinge apenas o setor secundário da economia. Comércio e serviços também cortam custos e adquirem novos métodos de administração, utilizando equipamentos modernos que reduzem o uso de mão de obra.

Apresentar ao trabalhador outros caminhos de sobrevivência é mostrar que ele também pode ser útil não apenas no sistema produtivo em que prevalece a intensa concorrência entre trabalhadores pelo emprego tradicional, mas em diferentes possibilidades de obtenção de renda, tanto por meio de cooperativas, de empreendimentos populares baseados no microcrédito, quanto de empresas adquiridas pelos próprios funcionários pelo sistema de autogestão.

Essas alternativas, em maior ou em menor grau, já vêm sendo desenvolvidas pela CTR; no entanto, o momento socioeconômico exige que suas fronteiras sejam ampliadas no sentido de abarcar um número bem maior de trabalhadores que possuem chances mínimas de reingresso no mercado de trabalho formal, notadamente aqueles com baixíssima instrução ou há muito tempo sem ocupar função com carteira assinada.

Em suma, a Central de Trabalho e Renda, em conjunto com seus parceiros, deve, acima de tudo, priorizar a valorização da condição do trabalhador, não a do emprego.

Aprimorar os processos comunicacionais

Em primeiro lugar é necessário estreitar ainda mais a parceria desenvolvida entre a CTR e a Prefeitura de Santo André. Todas as ações que envolvam a formação e a geração de renda para o trabalhador precisam ser compartilhadas entre esses dois atores. A formulação e a programação de ações como cursos para o empreendedor popular, eventos ligados ao Banco do Povo e ao programa de Incubação de Cooperativas, além de atividades sobre requalificação profissional, necessitam ser realizadas conjuntamente.

São de conhecimento geral as dificuldades financeiras por que passam entidades como a CTR, fundamentalmente dependentes de verbas públicas para funcionar. Propor sugestões que acarretem investimentos além da capacidade financeira da entidade significa, na prática, manter tudo do jeito como está. No entanto, buscar parceiros privados para determinadas realizações bem definidas pode resultar em grandes ganhos operacionais, sem que haja nenhum tipo de desvirtuamento de convicções ou de diretrizes ideológicas.

Seria perfeitamente possível supor que existe interesse por parte das empresas, sobretudo as empregadoras que mantêm vínculos profissionais com a CTR, em patrocinar iniciativas ou compra de equipamentos (seja por meio de cotas, seja de financiamento exclusivo) que melhorem o atendimento e a formação do trabalhador.

De um lado, porque os candidatos remetidos pela agência para disputar as vagas nessas e em outras empresas puderam ter a oportunidade de ser mais bem avaliados e aprimorados na sua formação profissional.

De outro, porque a imagem da empresa patrocinadora será vista e reconhecida por milhares de pessoas, por meio de logomarcas ou mensagens institucionais eventualmente veiculadas em locais estratégicos nas dependências da CTR.

Dessa forma, poderiam tornar-se viáveis as sugestões a seguir:

- Criar um telecentro com tratamento acústico no ambiente e equipamentos de imagem e som, como videocassetes, DVDs e monitores de vídeo. Local próprio para exibição de filmes, documentários e programas de formação profissional ou de empreendedorismo, cursos de idiomas etc.

- Montar um laboratório de informática com computadores conectados à internet em banda larga, mais a instalação de impressoras. Tais equipamentos facilitariam a pesquisa por vagas e a de outros assuntos ligados ao mundo do trabalho, além da confecção de currículos e cartas de apresentação.

- Instalar um ou mais telões no salão de espera, conectados a um computador capaz de exibir instantaneamente informações das atividades da CTR, vagas de trabalho, notícias nacionais e internacionais, ou mesmo pequenos filmes e mensagens institucionais do poder público local e, eventualmente, dos patrocinadores.

- Reformar o quadro-mural onde são expostas as vagas de trabalho para consulta; seria recomendável ampliar seu tamanho e tornar mais legível suas informações.

- Melhorar o equipamento de som e as condições acústicas do salão de espera, de modo a tornar audíveis as mensagens transmitidas pelo sistema de alto-falantes. Seria recomendável ainda gravar, com recursos sonoros de estúdio, as mensagens de conteúdo recorrente, para chamar ainda mais a atenção dos usuários.

- Elaborar pesquisas periódicas para medir o grau de satisfação no atendimento dos usuários. E, a partir desses resultados, se possível com ajuda de consultores da área, realizar reuniões sistemáticas com os atendentes para que sejam devidamente informados.

- Melhorar e dar maior visibilidade ao quadro onde estão afixadas as informações sobre as palestras programadas do mês; outra opção seria divulgar as palestras pelo telão a ser instalado no salão de espera.

- Instalar no auditório, onde são realizadas as palestras, equipamento audiovisual com capacidade para projetar vídeos, gráficos e imagens que possam ilustrar os conteúdos dos temas apresentados e discutidos.

- Criar um sistema eletrônico de compartilhamento dos dados próprios, gerados tanto pela Prefeitura de Santo André quanto pela CTR.

- Intensificar as visitas periódicas às empresas da região, sobretudo às que não conhecem a fundo o trabalho da CTR, e convidar os potenciais empregadores para que visitem as instalações da Central. Simultaneamente com essa atividade, realizar pesquisas de opinião com os recrutadores das empresas que utilizam o serviço da CTR. As visitas de representantes da CTR às empresas, oportunidade criada para que se estreitem contatos, foram elogiadas pela diretora do departamento de Recursos Humanos, Formação e Desenvolvimento da Pirelli Pneus S.A., Ana Edna Lessio Vaz da Silva, empresa que frequentemente se utiliza dos serviços da CTR.

- Melhorar o mecanismo de pesquisas de vagas no site da CTR na internet e/ou criar um sistema de consulta por telefone. Formar parcerias com provedores da região para que estes veiculem as vagas de empregos oferecidas pela CTR.

- Criar um banco de dados no qual serão cadastrados todos os trabalhadores contratados por intermediação da CTR, bem como acompanhar pelo período de um ano os destinos profissionais desses trabalhadores.

Referências bibliográficas

ANTUNES, Ricardo. *Os sentidos do trabalho*; ensaios sobre a afirmação e a negação do trabalho. São Paulo: Boitempo, 2003.

IANNI, Octavio. Globalização; novo paradigma das Ciências Sociais. *Estudos Avançados*, São Paulo: USP/Ipea, v. 8, n. 21, p. 154, 1994.

KURZ, Robert. *O colapso da modernização*; da derrocada do socialismo de caserna à crise da economia mundial. São Paulo: Paz e Terra, 1993.

LEITÃO, Bárbara Júlia M. *Grupos de foco*; o uso da metodologia de avaliação qualitativa como suporte complementar à avaliação quantitativa realizada pelo Sistema de Bibliotecas da USP. 2003. 131 f. Dissertação (Mestrado em Ciências da Comunicação)–Escola de Comunicações e Artes, Universidade de São Paulo, São Paulo, 2003.

OROZCO GÓMEZ, Guillermo. *La investigación en comunicación desde la perspectiva cualitativa*. La Plata: Univ. Nacional de la Plata, 1997.

POCHMANN, Márcio. *O emprego na globalização*. São Paulo: Boitempo, 2002.

SANDRONI, Paulo (ed.). *Novíssimo Dicionário de Economia*. 6. ed. São Paulo: Best Seller, 2001.

WALLERSTEIN, Immanuel. Uma política de esquerda para o século XXI? Ou teoria e práxis novamente. In: CEVASCO, Maria E.; LEITE, José C.; LOUREIRO, Isabel (orgs.). *O espírito de Porto Alegre*. São Paulo: Paz e Terra, 2002.

Arte e mídia: a gestão da comunicação no Arte na Escola on-line

Monica Kondziolková[*]

O papel da comunicação em um site on-line de arte, fundamentado no conceito de consumo midiático, foi o tema do projeto de pesquisa desenvolvido no Curso de Gestão da Comunicação e realizado junto ao Instituto Arte na Escola. Nosso objetivo é analisar o papel da comunicação na cultura contemporânea, alicerçado no aporte teórico e conceitual de Jesús Martín-Barbero, que vê a mídia como produtora de cultura e a escola como espaço de reimaginação e recriação do espaço público. A pesquisa com o público usuário foi fundamentada no conceito de consumo midiático – desenvolvido por Nestor García Canclini – e procura conhecer melhor seus hábitos e preferências. O projeto de intervenção tem a arte como interface, e o site Arte na Escola, como meio de informação e formação para os professores de arte que o acessam. Procura-se, assim, corresponder aos novos paradigmas de um mundo em constante mutação, a fim de possibilitar que os alunos desses professores se tornem sensíveis, críticos, participativos e exigentes.

---

[*] Especialista em Gestão da Comunicação pela Escola de Comunicações e Artes da USP. E-mail: monica@artenaescola.org.br.

Histórico

O ano era 1989, e Evelyn Berg Ioschpe,[1] então presidente da Fundação Iochpe, estava dedicada a investigar e descobrir caminhos que levassem a educação a apropriar-se dos saberes mediados pela arte. Seu objetivo inicial era melhorar a qualidade do ensino de arte realizado nas escolas de educação formal.

Em 1989, a Fundação Iochpe dava início a uma pesquisa que pretendia comprovar que a Metodologia Triangular, associada à mídia vídeo, era uma eficiente proposta metodológica para o ensino da arte na escola. Essa pesquisa culminou em 1992, com a publicação do livro *O vídeo e a metodologia triangular no ensino da arte*, de Analice Pillar e Denyse Vieira, ambas coordenadoras da pesquisa, elaborada sob orientação da profa. dra. Ana Mae Barbosa.

Tal pesquisa – que deu origem ao Projeto Arte na Escola – desenvolveu-se num período de luta política e conceitual sobre o ensino da arte no Brasil. Um ano antes começava a ser discutida, na Câmara e no Senado, e reestruturada, uma nova Lei de Diretrizes e Bases da Educação (LDB), que ameaçava retirar a atividade Artes do currículo escolar de ensino fundamental e médio. O discurso oficial que imperava à época alegava que era preciso recuperar a educação através dos conteúdos, e que arte não tinha conteúdo.

Os resultados da pesquisa, descritos na obra referida, retratam uma reflexão metodológica importante para definir a arte como disciplina escolar, com conteúdos próprios e específicos que respondiam a essa busca, não a limitando apenas a um momento de atividade no currículo escolar, como fora considerada a partir da LDB de 1971, na Lei n. 5.692/71; e também como propunha fazer valer o Conselho Federal de Educação (CFE), a

---

[1] Socióloga, jornalista e colecionadora de arte, Evelyn Berg Ioschpe foi diretora do Museu de Arte do Rio Grande do Sul (Margs), de março de 1983 a março de 1987.

partir de novembro de 1986, ao eliminar a área de Comunicação e Expressão do currículo escolar de ensino fundamental e médio.

Até o surgimento da Metodologia Triangular, com raras exceções, o ensino da arte resumia-se a certo fazer artístico encarado como entretenimento, muitas vezes confundido com artesanato, com a produção de decorações e objetos para festas, principalmente em datas comemorativas. Quem nunca viu crianças saindo das escolas na época da Páscoa com os rostos pintados e as cabeças enfeitadas por orelhas de coelho feitas com cartolina branca e recheadas de algodão?

Foi nesse contexto que o Arte na Escola iniciou suas atividades, passando a Fundação Iochpe a se preocupar com a ação de qualificação para o ensino de arte, desenvolvendo atividades junto às universidades brasileiras, por meio de um trabalho extensionista. Hoje, o Arte na Escola, por meio de seu Instituto, conta com 55 polos universitários distribuídos pelo Brasil, compondo a Rede Arte na Escola, que dissemina e multiplica ações de educação continuada para professores da rede pública de ensino em todo o país, além de distribuir materiais educativos de apoio ao professor.

Apesar das conquistas, as aulas de arte empobrecidas parecem ter atravessado a década de 1990 sem se alterar substancialmente. Elas mantêm-se tradicionais, ainda muito centradas na oralidade e na escrita, em que a imagem e demais recursos audiovisuais são pouco utilizados.

O Instituto Arte na Escola apoia-se também em diversos recursos de comunicação, para atuar junto aos professores de arte e assim fazer valer sua missão, como o site www.artenaescola.org.br, para o qual se volta este trabalho de Gestão da Comunicação.

O site Arte na Escola

Hoje o Instituto Arte na Escola abarca uma gama de professores muito além daquela atendida pela Rede Arte na Escola, que, de forma presencial, atinge cerca de 30 mil professores: os usuários do site www.artenaescola.org.br.

Desde o lançamento de sua segunda versão, no dia 1º de setembro de 2004, até hoje, a página já atendeu mais de 20 mil professores cadastrados,[2] um número que não para de crescer. Além disso, seu público usuário vem se constituindo e crescendo de forma vertiginosa – o site recebe cerca de 103 mil visitantes por mês. Uma pequena parcela dos professores cadastrados tem acesso às oportunidades de formação continuada oferecidas pela Rede e aos materiais educativos distribuídos, pilares fundamentais para a concretização da missão do Arte na Escola desde seus primórdios. Ou seja, a maior parte do esforço de trabalho empreendido ocorre de forma presencial, sem um paralelo no ambiente virtual.

O ingresso do Arte na Escola na web teve início em 2001, quando o Instituto elegeu a internet como mídia para ampliar o atendimento aos professores de arte para além dos polos da Rede. O objetivo era permitir maior acesso ao material distribuído nos polos e, sobretudo, propiciar a troca de experiência entre professores, por meio da área Relatos de Experiência. Entretanto, com o site há três anos no ar, os usuários da web pouco acessavam as páginas e nenhum professor havia enviado seus relatos de prática, conforme o esperado.

Como aproximar professores de arte daquilo que de melhor o Arte na Escola pode oferecer, utilizando o ambiente virtual de forma a fazer sentido, estimulando a participação e, com isso, possibilitando que a missão do Instituto encontre nesse meio um outro espaço para se concretizar? Meu encontro com o Arte na Escola deu-se justamente no momento em que o Instituto buscava respostas para essa questão complexa, visando à construção de um novo site, o qual tive o privilégio e a oportunidade de empreender.

---

[2] Dado obtido por meio da página administrativa do site Arte na Escola, que mostra o total de 20.723 professores cadastrados. Disponível em: <http://www.artenaescola.org.br/adm/cadastros>. Acesso em: 6 ago. 2007.

Acesso e interação foram duas palavras-chave que nortearam meu imaginário durante a concepção da nova página, que surpreendeu, tornando-se ela própria uma promessa de novo ambiente para o Instituto realizar sua ação de incentivar e qualificar o ensino da arte no Brasil.

Comunicação digital: um novo mundo de percepções e de produção de conhecimentos

Informação e conhecimento estarão cada vez mais relacionados à comunicação digital, e o site Arte na Escola está irremediavelmente inserido nesse contexto.

Conforme Adílson Citelli, o aprendizado acontece agora em campos diversificados, e cada vez mais é possível "obter informações e mesmo conhecimentos por meio de mecanismos até há pouco privativos do espaço escolar".[3] Fato é que a escola já não é, de modo algum, o único lugar onde se pode aprender conteúdos, e as formas de ver, perceber, apreender, compreender, sentir, processar o mundo mudaram substancialmente.

Segundo o educador e filósofo Mário Sérgio Cortella, estima-se que uma criança de 7 anos de idade já tenha assistido a 5 mil horas de televisão – uma média de 3 horas por dia –, quando chega à sala de aula pela primeira vez. Esse dado, por si, sugere que os alunos não são mais os mesmos. Luciano ainda não completou 3 anos de idade e já liga a TV, o DVD e sabe inserir o disco no aparelho para assistir aos seus desenhos prediletos: *A era do gelo*, *Bob Esponja*, entre outros. Esse menino não faz parte do mundo ficcional; ele é real. É filho de uma amiga e, como ele, existem milhões de outros, todos integrantes da geração que desde muito cedo têm familiaridade com toda sorte de aparatos tecnológicos e com o universo midiático. Ao chegar à escola para ser alfabetizado, Luciano provavelmente já terá visto de tudo um

---

[3] CITELLI, Adílson. *Outras linguagens na escola*; publicidade, cinema e TV, rádio, jogos, informática. São Paulo: Cortez, 2000. p. 22.

pouco, mediado pela tecnologia e em uma velocidade jamais antes experimentada por nós ou pelas gerações que nos precederam, incluindo, logicamente, os seus professores.

Como formar essas crianças e jovens para a realidade do mundo em que vivem, para o mundo no qual estão imersos e para as grandes transformações que ainda estão por vir? Mais ainda: como muni-los de senso crítico diante da invasão de imagens de toda ordem, de referências significativas, de valores humanos, de vínculos genuínos com o outro e com a realidade concreta? Ainda diante desse cenário, como fazer conviver a TV, o computador, o DVD, o videogame com o giz, a lousa, o caderno, o livro? E como ficam a arte e o seu ensino nesse cenário, e que papel poderiam desempenhar no contexto da realidade marcada pela explosão de meios de comunicação? Não seria a arte uma potente interface de acesso entre mundo virtual e mundo real?

Metodologia da pesquisa

Tendo em vista a pesquisa e o conhecimento das experiências e o *background* intelectual, cultural e artístico do público cadastrado no site Arte na Escola, foi elaborado um questionário visando a descobrir hábitos e opiniões dos usuários acerca dos meios de comunicação de massa, segundo o conceito desenvolvido por García Canclini, que caracteriza o consumo não por sua racionalidade econômica, como uma etapa do ciclo produtivo, mas como um processo sociocultural interativo.

Análise descritiva dos dados

Do total de 2.311 questionários preenchidos, selecionamos 1.253 para constituir a nossa amostra,[4] correspondendo a 10,43%

---

[4] O relatório geral da pesquisa está no site: <http://www.artenaescola.org.br/extra_questionario_0310_>.

do total de usuários cadastrados no site. A seguir, apresentamos os principais dados obtidos.

A maior parte dos pesquisados nessa amostra é do sexo feminino (89,15%), tem em média 37 anos, é casada (51,48%), natural do sudeste do Brasil e exerce a profissão de professor (85,15%), trabalhando na rede pública de ensino, e, em geral, atua nove anos na mesma escola. Têm boa instrução: 43,97% cursaram o ensino superior, sendo que 51,16% deles se formaram em Artes Visuais (Artes Plásticas). Alguns possuem mais de um curso superior e 31,77% do total chegou à pós-graduação. São consumidores diários de televisão. Para esse público, a televisão é primordialmente um meio de informação, tendo em vista que os programas que afirmam não perder são do gênero jornalístico.

Em uma das questões, foram convocados a dar uma nota de 0 a 10 para variados meios de comunicação, levando em conta o aspecto artístico. É interessante observar que, na opinião deles, apesar de assistirem à televisão diariamente, do ponto de vista artístico essa mídia está para a arte assim como os homens-placa, esses sujeitos que utilizam o corpo como suporte para anúncios publicitários e que ficam perambulando pelas ruas dos centros urbanos. A média geral das notas atribuídas aos meios de comunicação conferiu à "TV" e ao "Homem-Placa" a mesma nota, por sinal a mais baixa: 6. Uma outra tela, a do computador, recebeu nota 8, conferida à internet. Até mesmo Grafite, uma arte considerada por muitos marginal, obteve nota maior que a TV: 9. Alcançaram nota máxima: Desenho, Pintura, Literatura, Teatro e Música. Das quatro linguagens da arte, as Artes Visuais são por eles consideradas a "mais artística" de todas. Dentre os movimentos artísticos com os quais os respondentes têm mais facilidade e se sentem mais à vontade para trabalhar com os alunos, os três mais votados, em ordem crescente, foram Cubismo, Impressionismo e Modernismo. Além disso, apontaram 383 diferentes nomes de artistas.

Os nossos informantes também foram solicitados a indicar três nomes de artistas com os quais se identificam, e apresentaram 470 nomes diversos. É interessante observar que os mais citados são artistas ligados a movimentos da História da Arte com os quais esses professores têm mais afinidade, revelada no fato de que se sentem mais à vontade para trabalhar com seus alunos em sala de aula.

Os informantes com computador em casa somam 92,10%. Costumam acessar a internet todos os dias (72,62%), ou pelo menos uma vez por semana. A internet constitui, assim, um meio de informação que oferece uma alternativa de formação continuada para esse público; o tempo disponível gasto na internet por 46,40% deles, em média, é de uma hora ou mais, e 30,60% a utilizam por cerca de 30 minutos.

Análise interpretativa dos dados

Os pesquisados estão ávidos por informação e por formação continuada, além de terem uma visão clássica da arte, que, aliás, se deixa entrever em seu repertório midiático e em seus hábitos. Eles já valorizam esse meio. Entretanto, o mesmo não ocorre com os meios de comunicação que consomem e que fazem parte de seu cotidiano, como, por exemplo, a televisão. Sendo na maioria professores, desvalorizam a informação veiculada diariamente por esses meios de comunicação, mas acreditam que não apenas se poderia municiá-los com temas e conteúdos variados e significativos, mas também deixá-los mais seguros e aptos para trabalhar em convergência com o imaginário que constitui grande parte da realidade de seus alunos, nas escolas da rede pública, imaginário esse formado e consolidado pela TV. Após nove anos dando aulas, o público usuário do site, identificado com o professor, revela que precisa de reciclagem e o site Arte na Escola apresenta-se como um horizonte de possibilidades.

O ensino da arte, as mídias e Arte na Escola on-line

> Habitamos um mundo que vem trocando sua paisagem natural por um cenário criado pelo homem, por onde circulam pessoas, produtos, informações e principalmente imagens. E, se temos que conviver diariamente com essa produção infinita, melhor será aprendermos a avaliar essa paisagem, sua função, sua forma e seu conteúdo; e isso requer o uso de nossa sensibilidade estética. Só assim poderemos deixar de ser observadores passivos para nos tornarmos espectadores críticos, participantes e exigentes.[5]

A relação dessa reflexão de Costa com o ensino da arte e seus objetivos é evidente. Tal ensino certamente pode concorrer para aguçar o senso crítico, sensibilizar o olhar para que se veja o mundo, ensinando o corpo a vivê-lo e a se expressar nele. Mas o que dizer da aula de Artes que se pratica hoje na escola de ensino formal brasileira e de sua relação com as múltiplas realidades do mundo contemporâneo – mediado por intensos processos comunicacionais, midiáticos e tecnológicos –, nas quais a escola, seus alunos e professores estão imersos? O que a aula de Artes mobiliza e o que significa de fato na experiência dessas instituições, de seus alunos e professores atualmente? Afinal, qual a relação entre a aula de Artes e a vida cotidiana?

Nossa pesquisa indicia que a sala de aula de Artes está estacionada no Modernismo brasileiro. De lá para cá, contudo, o mundo mudou muito. É evidente que esse conhecimento é importante, mas a ausência de referências de arte contemporânea no repertório desses professores chama a atenção. A arte apresentada nas aulas de Artes parece ser aquela que o professor identifica – numa esfera mais da ordem do senso comum que do conhecimento de arte – com obra-prima. É surpreendente que esse professor seja um ávido consumidor das informações veiculadas nos meios de comunicação – bem como o são seus alunos – e que esse conhe-

---

[5] COSTA, Cristina. *Questões de arte*; o belo, a percepção estética e o fazer artístico. São Paulo: Moderna, 2004. pp. 11 e 12.

cimento, essa experiência de atualidade, não seja transferida para o contexto das aulas de Artes. Por quê? A nota atribuída pelos professores à televisão – assim como ao homem-placa – é um indício evidente de um incoerente preconceito contra essa mídia que faz parte atuante de suas vidas.

Para Martín-Barbero, a escola é o lugar de reimaginação e recriação do espaço público. E, afinal, a arte é a interface privilegiada para exercer a reimaginação e a recriação, território de mediação posto entre sujeito, mundo e conhecimento do mundo, permitindo-nos ir além do pensamento convencional e linear do conceito, da descrição e da análise, e levando-nos a visitar espaços desconhecidos dentro e fora de nós, aos quais não teríamos acesso de outra maneira. Devidamente mediada e tratada pela educação escolar como imagem que forma e informa o sujeito para consumir imagens de maneira ativa e crítica, a arte promove o encontro desse sujeito – mestre e aprendiz – consigo mesmo, com o outro e com o mundo.

Ignorar, subestimar, desprezar a informação que circula nos meios de comunicação no contexto da aula de Artes – por medo, desconhecimento, preconceito – é perder a oportunidade de estabelecer um território riquíssimo de diálogo entre a escola e o mundo, o professor e seus alunos, em detrimento de um saber escolarizado elitista, reconhecido e aprovado socialmente, mas que pouco tem favorecido a compreensão e a ressignificação do cotidiano, em prol da formação de cidadãos críticos e sensíveis, comprometidos com as transformações concretas que urgem a sua volta. Não considerar e não incluir parte significativa desse infinito repertório de imagens que nos invade constantemente, possibilitando aos alunos uma interação mais reflexiva e produtiva com e por meio dele, é falar sozinho, desvitalizar a escola e a prática docente e, sobretudo, perpetuar a imutabilidade social.

Martín-Barbero chama a atenção para esse desafio cultural enfrentado hoje pela escola, desafio "que torna visível a distância cada dia maior entre a cultura ensinada pelos professores e aquela aprendida pelos alunos".[6] Ele acredita que a mídia é produtora de cultura e que a experiência, portanto, da construção do conhecimento não se dá alheia a ela. É preciso, pois, deixar de negar, na sala de aula de Artes, o universo de imagens e informações que fervilham na TV, na internet, nos games e em outras fontes; imagens e informações continuamente despejadas sobre professores e seus alunos. Todavia, problematizar a televisão, o homem-placa e as imagens que os outdoors veiculam na sala de aula não significa trabalhar qualquer tipo de produção e repertório com os alunos.

É papel do professor ajudar seu aluno a encontrar e construir sentido para as informações que recebe, cada vez menos pela escola, cada vez mais por meio do acesso às mídias digitais, visto que mesmo o aluno da rede pública já tem acesso à internet e a outras fontes midiáticas de informação.

Educar, num contexto complexo, não significa apenas pensar–analisar–interpretar forma e conteúdo, meio e mensagem, mas igualmente sentir–agir–transformar e, desse modo, exercer um papel recriador na realidade cotidiana. Isso implica entender a comunicação midiática como um processo poderoso, além de válido, de construção de conhecimento e de mediação social, nos espaços de produção e transformação da cultura. Por isso, a aula de Artes deveria ser interativa com as mídias e com aquilo que veiculam, em especial as imagens, numa ação recíproca na qual o aluno deixa de ser mero receptor passivo e se transforma num interventor partícipe. Mas como chegar lá? Arte na Escola on-line pode ajudar esse professor usuário a vencer seus preconceitos e fazer com que ele venha a exercer seu papel de protagonista--mediador por meio do ensino da arte, da educação, da sensibilidade que as imagens favorecem e da interação simbólica entre os alunos e o mundo.

---

[6] MARTÍN-BARBERO, Jesús. Heredando el futuro. Pensar la educación desde la comunicación. *Revista Nómadas*, Bogotá: Diuc, p. 19, 1995.

Arte na Escola on-line inovado: uma proposta de intervenção

Segundo Canclini, o consumo serve para fazer pensar, e é exatamente por isso que este projeto de intervenção quer propor o Arte na Escola, ao instaurar o professor como consumidor midiático e como mediador de mídias, tendo a arte como interface e o site Arte na Escola como meio de sensibilização, informação e formação para os usuários que o acessam. Entendemos ser esse o papel do gestor de comunicação: provocar novos olhares, mais sensíveis, em busca de significados atuais para a realidade, sintonizados com a paisagem do mundo atual, em que a comunicação é um processo, não um aparato meramente instrumental.

A proposta de intervenção compreende a reformulação do site, iniciando com uma nova home, em que a imagem seja privilegiada, dando a ela lugar de destaque, protagonismo e sentido. Inclui também diferenciar as áreas destinadas à divulgação institucional e organizacional, aos serviços (Midiateca), às informações e notícias, e ao relacionamento e à capacitação de professores que o acessam, tornando o site mais autoexplicativo e ainda mais interativo.

Proposta de home para um novo site do Arte na Escola

Na seção Sala de Aula, inovada, a televisão, o homem-placa e os anúncios veiculados em outdoors poderiam ser problematizados, tendo a arte como interface, além de serem abordados e trabalhados por especialistas em arte e comunicólogos, colaboradores do Instituto, junto aos professores usuários do site.

De acordo com as pesquisas e análises realizadas, o objetivo é ampliar o conceito de arte e divulgar outros paradigmas, bem como sugerir procedimentos e caminhos que auxiliem o professor a incluir em seu repertório – e de seus alunos – elementos da cultura midiática, melhorando assim o desempenho em sala de aula e possibilitando o desenvolvimento de uma consciência crítica, criativa e sensível, mais comprometida com o cotidiano.

Essa nova estruturação deverá ampliar o grau de interatividade entre os usuários e inovar na apresentação dos conteúdos incluídos pelo Instituto ou postados pelos professores, transformando o site num espaço de aprendizado e de relacionamento com o professor, e estimulando a formação de comunidades virtuais de professores de arte.

Canclini defende que só através da reconquista criativa dos espaços públicos o consumo poderá se tornar um campo para pensar e agir significativamente e de forma renovadora na vida social. O site Arte na Escola on-line, inovado, presente no novo espaço público ilimitado da internet, poderá tornar-se disponível para essa experiência com o mundo real.

Que os professores de arte de Luciano encontrem o Arte na Escola e isso os auxilie a conferir mais sentido às suas experiências pedagógicas e midiáticas cotidianas, bem como a torná-los capazes de encaminhar o menino a esses e a outros sentidos para a vida e para os encontros com o mundo. Que, além de manusear com maestria as mídias digitais, Luciano possa também aprender a brincar com outras crianças usando botas sujas de barro, num final de tarde depois da chuva no sítio, o que, além de ser muito divertido e inesquecível, é, outrossim, muito educativo e significativo.

Referências bibliográficas

CITELLI, Adílson. *Outras linguagens na escola*; publicidade, cinema e TV, rádio, jogos, informática. São Paulo: Cortez, 2000.

COSTA, Cristina. *Questões de arte*; o belo, a percepção estética e o fazer artístico. São Paulo: Moderna, 2004.

MARTÍN-BARBERO, Jesús. Heredando el futuro. Pensar la educación desde la comunicación. *Revista Nómadas*, Bogotá: Diuc, p. 19, 1995.

Endereços eletrônicos

<http://www.artenaescola.org.br/adm/cadastros>.
<http://www.artenaescola.org.br/extra_questionario_0310_>.

Contribuição dos cursos de especialização *lato sensu* para o desenvolvimento do campo da Comunicação

Maria Cristina Castilho Costa[*]

Embora este livro esteja destinado preferencialmente ao relato dos projetos de intervenção desenvolvidos pelos gestores de comunicação formados pelo curso de Gestão da Comunicação da ECA-USP, aqui, excepcionalmente, vou relatar o que foi abordado em importante Mesa Temática – A contribuição dos cursos de especialização *lato sensu* para o desenvolvimento do campo da Comunicação – realizada no XXIX Congresso Brasileiro de Ciências da Comunicação (Intercom), de 4 a 9 de setembro de 2006, na Universidade de Brasília (UnB).

A ideia de falar a respeito dos cursos de especialização surgiu no primeiro semestre daquele ano no Fórum Nacional em Defesa da Qualidade do Ensino em Comunicação (Endecom), que ocorreu em maio de 2006, na Escola de Comunicações e Artes da USP. Nesse evento, a profa. dra. Margarida Kunsch propôs uma mesa-redonda sobre os cursos chamados *lato sensu*, em nível de pós-graduação, que formam especialistas em determinada área do conhecimento.

O sucesso nas discussões estimulou-nos a sugerir o mesmo debate na Intercom, com o objetivo de mostrar que esses cursos cumprem importante função no desenvolvimento da ciência,

---

[*] Professora livre-docente do Departamento de Comunicações e Artes da Escola de Comunicações e Artes da Universidade de São Paulo. Editora da revista *Comunicação & Educação*. E-mail: criscast@usp.br.

no atendimento à sociedade e na profissionalização dos alunos. Diante de uma plateia atenta e questionadora, falamos por duas horas a respeito da sociedade, dos profissionais da comunicação e da necessidade de agilidade para responder a questões emergentes dessa área do conhecimento. O que passarei a desenvolver fez parte do conteúdo de minha palestra.

Formação humanista *versus* especialização

Quando, no início da década de 1990, o Departamento de Comunicações e Artes da ECA-USP resolveu criar um curso novo de Comunicação em nível de pós-graduação *lato sensu*, deu início a uma pesquisa com diversos profissionais da área da Comunicação, com o intuito de saber quais eram as necessidades emergentes do mercado e qual o perfil profissional que empresas privadas, Estado e organizações em geral estavam requisitando. Muitos profissionais e intelectuais ouvidos foram unânimes em afirmar que o perfil desejado pelo mercado e com futuro promissor na área de Comunicação era aquele com formação humanista, de caráter multidisciplinar e cultura universalista, capaz de entender a situação sobre a qual atua e toda a conjuntura que a envolve e cerca.

O profissional de que as organizações necessitam deve ter uma formação oposta àquela pretendida pela grande maioria dos cursos de graduação das Escolas de Comunicações, que, após um ou, no máximo, dois anos de formação geral, direciona o aluno para a especialização, seja em uma das mídias tradicionais como rádio e televisão, seja em áreas de atuação de fronteiras reconhecíveis como publicidade ou relações públicas.

Os argumentos a favor da formação universalista e não especializada eram muitos. A maioria dos cursos voltados à especialização tende a uma visão instrumentalista e técnica da profissão, formando profissionais muito semelhantes uns aos outros, capazes de manejar recursos técnicos e administrativos, mas com pouca capacidade de diagnóstico, de percepção das diferenças e de soluções não convencionais. Os entrevistados eram unânimes em afirmar que os desafios do mundo atual não podem ser vistos através de um manual de ações pré-planejadas, porém exigem uma análise profunda e questionadora.

Roberto Civita, presidente da Editora Abril, em recente visita à Escola de Comunicações e Artes, reafirmou essa visão do profissional da comunicação. Disse ele aos professores que a universidade não deveria formar técnicos, pois nisto as empresas eram bastante competentes – a própria Abril mantém um curso de Jornalismo no qual seleciona seus repórteres e redatores. Caberia, segundo ele, à Academia formar profissionais com vasta bagagem teórica, cultural e humanista, pois isso a prática profissional em suas ações cotidianas não é capaz de promover.

Diante dessas informações, o Departamento de Comunicações e Artes, ao criar o curso de Gestão da Comunicação, optou justamente por privilegiar a formação teórica com ênfase nas humanidades – história, ciências sociais, filosofia, estética, educação. O coração desse programa era, naturalmente, as Ciências da Comunicação.

Multidisciplinaridade *versus* departamentalização

Indo ao encontro dessa primeira ideia mestra acerca da formação profissional do comunicador solicitado pela sociedade, pesquisas desenvolvidas na ECA, como as que a profa. dra. Maria Immacolata Vassalo de Lopes realiza há anos com os egressos dos cursos de Comunicação, mostram que os alunos raramente são alocados nas áreas profissionais nas quais têm especialidade: jornalistas ocupam cargos de assessoria de imprensa, cuja formação é de responsabilidade dos cursos de Relações Públicas, assim como radialistas e profissionais de TV dedicam-se ao jornalismo e à publicidade nesses veículos. Esse cenário revela que a especialização nem sequer promove uma reserva de mercado para o formando. E, num país de poucos veículos de comunicação e muito desemprego, não há como respeitar os limites departamentais que envolvem a especialização.

Recentemente, a *Folha de S. Paulo* publicou uma matéria a respeito, intitulada 53% dos formandos no país trabalham em outras áreas.[7] O jornalista Antônio Gois, apoiado em dados do IBGE, comenta a imensa dispersão dos universitários que acabam por trabalhar em empregos que nada têm a ver com suas carreiras. As razões são muitas, mas algumas pessoas entrevistadas pelo jornalista encontram deficiências no ensino médio e certa pressa das famílias e das escolas em fazer o jovem decidir precocemente a carreira a seguir. O que espanta nessa matéria é o quadro de correlação entre formação e emprego, no qual a área de comunicações é uma das que apresentam um baixo índice de correlação. Apenas 27,7% dos profissionais estão trabalhando em atividades para as quais foram formados.

Assim, com aquelas premissas citadas, o Departamento de Comunicações e Artes preocupou-se com um curso que, centrado nas Ciências da Comunicação, procurasse fugir da especialização e da departamentalização acadêmica, direcionando o aluno para a realidade do mercado. Isso significava torná-lo apto a atuar em diferentes situações e frentes, capacitando-o a coordenar as ações de diferentes especialistas, atuando como articulador.

Terceirização e reengenharia

Na mesma direção das questões aqui expostas, outras pesquisas orientaram os criadores do curso de Gestão da Comunicação para essa abordagem universal e plural da comunicação. Uma delas apontava para as consequências dos processos de reengenharia empresarial e da intensa multiplicação dos contratos de terceirização, especialmente nos departamentos de comunicação.

---

[7] GOIS, Antônio. 53% dos formandos no país trabalham em outras áreas. *Folha de S. Paulo*, São Paulo, 11 set. 2006. Caderno Cotidiano, p. 1.

O fato de assessores de imprensa, jornalistas, publicitários e profissionais de marketing passarem a ser prestadores de serviço para as empresas para as quais trabalhavam traz modificações significativas para o exercício profissional. Uma delas é a insegurança que esses contratos de curto prazo e sem qualquer garantia de renovação suscitam, obrigando os trabalhadores envolvidos a manterem seu próprio escritório e novos clientes, como uma alternativa de sobrevivência. Outra consequência, que atua sobre os profissionais que permanecem como funcionários na empresa, é que eles terão de agir não como especialistas, mas como coordenadores de diversas atividades de comunicação contratadas ou realizadas fora da organização. O desenvolvimento dessa competência para a coordenação ou gestão raramente faz parte dos currículos ordinários das Escolas de Comunicação.

Diante dessa nova realidade do mercado de trabalho do comunicador, a figura do gestor de comunicação começava a se delinear de forma mais clara – um profissional não especialista, com formação predominantemente teórica e capaz de intermediar ações praticadas por diversos profissionais. Esse gestor seria capaz de, continuando a trabalhar na empresa, coordenar essas diferentes ações e processos, assim como, tendo seu próprio escritório, enfrentar a multiplicidade de situações que diferentes clientes trazem ou propõem.

Para acentuar as cores e contrastes desse cenário, as empresas tendem, atualmente, a concentrar o maior número de atividades no menor número possível de pessoas, sejam funcionários, prestadores de serviço ou fornecedores. Isso nos permite dizer que o futuro aspira cada vez menos por especialistas e cada vez mais por gestores, articuladores e coordenadores de atividades e pessoas.

A comunicação generalizada

Mas as mudanças que somos capazes de observar na sociedade e que alteram o perfil do comunicador não atingem apenas esse profissional. Outros profissionais veem seu trabalho exigir novas competências para as quais não foram formados, inclusive o manejo e domínio de linguagens tecnológicas que, antes, eram prerrogativas de quem se especializa em Comunicação. O advento das mídias digitais, o avanço do computador como ferramenta de trabalho, a internet e as intranets fizeram com que todo profissional necessite de mínima noção sobre linguagens tecnológicas e interações comunicativas. Isso causa uma procura, por parte de uma grande variedade de profissionais, de informações e conhecimentos que os tornem aptos a agir com segurança em seu trabalho. As pesquisas realizadas pelo Departamento de Comunicações e Artes mostraram que médicos, advogados, terapeutas ocupacionais, profissionais de instituições públicas, entre outros, sentem falta de conhecimentos básicos dos processos comunicacionais para o exercício de sua profissão.

Ficava evidente a necessidade de mecanismos de formação em nível de pós-graduação para capacitar tais profissionais, permitindo que, diante de uma tecnologia que propõe autonomia, pudessem dela fazer uso correto e consciente.

Por outro lado, as mesmas transformações estruturais que colocam aos mais diferentes profissionais esses desafios fazem com que pequenos e médios empresários também busquem informações para poder fazer frente à racionalidade e à competitividade que predominam na sociedade como um todo. Fazer publicidade, relacionar-se com o público, possuir mala direta e informatizar seu estabelecimento não são mais termos só usados pelas corporações. Pequenos negócios passam a fazer parte de redes de comunicação e necessitam de um mínimo de entendimento de como assegurar seu sucesso.

Nesse cenário, a comunicação, antes ferramenta sofisticada das grandes corporações, populariza-se e passa a ser uma preocupação geral de diferentes profissionais e de uma variada gama de organizações e segmentos de mercado.

Terceiro setor *versus* Estado

A maioria dos cursos de graduação existentes foi criada em uma época em que os meios de comunicação eram geridos basicamente pelo Estado ou por grandes empresas concessionárias, o que mantinha próximas e íntimas as relações entre comunicação e poder. Na desregulamentação da vida social que presenciamos na última década, assistimos a um Estado que decresce de importância e a um setor privado que se torna cada vez mais decisório. Como consequência, da própria sociedade têm emergido novas formas de organização e administração pública – atividades voltadas para a solução de problemas que, tradicionalmente tidos como de responsabilidade do Estado, hoje exigem novos esforços e novas soluções. O atendimento às crianças, às populações carentes, aos imigrantes e aos injustiçados e excluídos tem ficado sob responsabilidade de uma área nova da sociedade chamada genericamente de terceiro setor. Procurando distinguir-se do primeiro setor, representado pelo Estado, e do segundo, em que atuam as empresas privadas, o terceiro setor congrega associações, fundações e organizações não governamentais voltadas à proteção do meio ambiente, à defesa de minorias e à solução de dificuldades emergentes que atingem parcelas da população.

A mobilização da sociedade civil em defesa dessas causas tem obtido resultados compensadores, quer na solução dos problemas, quer no fortalecimento das relações comunitárias ou, até mesmo, na conscientização da sociedade como um todo para a existência de novas necessidades sociais. Tais movimentos, entretanto, formados muitos deles no calor da oportunidade – ou da necessidade –, encontram grandes dificuldades de sobrevivência, manutenção e crescimento, pois faltam recursos humanos, financeiros e administrativos. Um profissional tem vindo em auxílio da estruturação desses movimentos. É o comunicador, essencial para manter vivas as relações com a sociedade e para auxiliar no estabelecimento de procedimentos que garantam a sobrevida do grupo.

As pesquisas demonstram que a comunicação se torna cada vez mais importante em todas as ações do terceiro setor, bem como em todos os movimentos sociais que não contam com a benevolência do Estado nem com os recursos advindos da iniciativa privada. Terceiro setor e movimentos sociais têm na mídia e na comunicação um de seus mais importantes focos.

Comunicação e educação

É claro que esse universo mutante envolvendo empresas, organizações em geral e o mercado de trabalho teria de se refletir de forma contundente na educação. As pesquisas mostraram a necessidade urgente de que a Comunicação não fosse disciplina apenas dos programas universitários, mas que fizesse parte da educação fundamental e média. As razões são muitas e falaremos agora de algumas delas.

Hoje, com o desenvolvimento dos meios de comunicação, não é apenas a escola que educa os jovens, mas também a mídia. O tempo e a atenção que crianças e adolescentes devotam ao consumo midiático exigem que as linguagens audiovisuais sejam conhecidas e decifradas. A alfabetização midiática do jovem deve fazer parte de sua formação escolar, permitindo que ele perca o olhar ingênuo e distraído que tem diante dos meios de comunicação de massa e que o transformam em presa fácil das mensagens midiáticas. Um olhar mais interpretativo e sagaz vai melhor prepará-lo para interagir com a mídia. Como disse Orozco em recente entrevista à revista *Comunicação & Educação*: "É preciso que a escola incorpore o desenvolvimento de novos modelos epistemológicos originados nas novas tecnologias da comunicação".[8]

---

[8] OROZCO GÓMEZ, Guillermo. Comunicação de massa na era da internet. *Comunicação & Educação*, São Paulo: CCA-ECAUSP/Paulinas, ano XI, n. 3, set./dez. 2006.

Além disso, a educação do público, fazendo com que ele torne-se cada vez mais apto à decifração das mensagens midiáticas, parece ser o único recurso para melhorar a qualidade das informações e dos programas veiculados pela mídia. Não é a proibição, mas a educação, a leitura crítica e o debate que formarão um público mais exigente, cuja atenção será veementemente disputada pelas empresas de comunicação dispostas a satisfazê-lo em suas mais diversas necessidades.

Não bastassem esses argumentos, sabemos ainda que todas as atividades produtivas, com maior ou menor intensidade, exigem conhecimentos e tecnologias de comunicação. Logo, uma escola que, desconhecendo essa tendência, exclua de seu currículo a Comunicação, não estará preparando adequadamente seus alunos para a sociedade na qual vão atuar.

Por todas essas considerações, o Departamento de Comunicações e Artes viu-se na contingência de organizar um curso de Gestão que privilegiasse a inter-relação entre comunicação e educação. Pensando no ensino formal e na preparação de novos profissionais atualizados, nas televisões e rádios educativas e em suas peculiaridades, e na possibilidade de formar um público consciente e crítico, deu-se conta da urgência de preparar um comunicador para a formação de pessoas e de um público cada vez mais amplo.

Tecnologia e ética

Nessa busca por descobrir as mais novas tendências no campo da Comunicação, levando-se em conta não só as empresas especializadas, mas também a sociedade como um todo, o mercado de trabalho, a formação profissional e o público em geral, chegamos à questão tecnológica – o advento das mídias digitais provoca uma ampla revolução na sociedade, modificando as relações de trabalho, as formas de poder e os relacionamentos, além de demolir antigas fronteiras entre trabalho e entretenimento. Conhecer profundamente a importância das tecnologias de comunicação, buscando entender sua semântica e a maneira como se relacionam com o usuário e como estabelecem diálogo entre as pessoas, é imprescindível para a formação do comunicador na atualidade.

Esse domínio tecnológico, todavia, não pode estar orientado para uma valorização desmedida da tecnologia em detrimento das pessoas envolvidas. Saber estabelecer limites e diferenças entre o tecnológico e o humano, colocando o primeiro a serviço do segundo, é também um importante exercício para o gestor. Igualmente importante para esse profissional que emerge do desenvolvimento atual da sociedade são as preocupações éticas da comunicação.

O gestor de comunicação é um profissional que pensa sua atividade como criação de espaços de interlocução, e não como simples emissão de informações unidirecionais e centralizadas em uma única fonte. Consciente do papel da comunicação na vida contemporânea, esse profissional deve atuar de forma ética e democrática, procurando, antes de tudo, preservar o direito à informação, a liberdade de expressão e o acesso ao conhecimento. Somente colocando o que sabe a serviço desses princípios ele estará agindo de modo autônomo e independente e fazendo da comunicação um espaço de relacionamento e diálogo.

Surge o gestor

Com todas as considerações vindas de pesquisas realizadas no âmbito da universidade, assim como da leitura de autores de ponta – que tratam cada vez mais da interdisciplinaridade na criação do conhecimento, como Edgar Morin; da fragmentação dos discursos, como Gianni Vattimo; da importância da comunicação na cultura contemporânea, como Nestor García Canclini; da necessidade de se introduzir a Comunicação como disciplina escolar, como Jésus Martín-Barbero; da importância da comunicação na sociedade globalizada, como Octavio Ianni –, a figura do gestor de comunicação tomou corpo: um profissional com forte formação humanista e multidisciplinar, articulador, mediador, politicamente engajado e eticamente comprometido.

A formação complexa desse comunicador é a de um especialista que, tendo se graduado e experimentado o mercado de trabalho, esteja voltado para as questões mais profundas da área e da sociedade, necessitando um conhecimento mais denso e crítico. Nessa direção, os cursos *lato sensu* atuam de forma mais ágil e rápida, podendo responder às necessidades emergentes. Enquanto a pós-graduação *stricto sensu* exige um longo tempo para que os profissionais por ela formados possam responder às mudanças no cenário social, os cursos *lato sensu* servem como laboratório especial no qual é possível testar teorias e modelos.

As monografias dos alunos do curso de Gestão da Comunicação, do Departamento de Comunicações e Artes da ECA – que completou doze anos de existência –, comprovam a capacidade desse laboratório de gerar, de forma rápida e segura, conhecimento no campo da Comunicação. Os projetos de intervenção, muitos deles desenvolvidos na prática, trazem uma bibliografia atualizada e de ponta, pesquisa de campo sistematizada e soluções criativas e exequíveis para os problemas focados. Além de toda essa contribuição, ainda estimula os alunos a ingressarem na pós-graduação *stricto sensu*, engrossando a fileira dos que veem na área da Comunicação não só um espaço de ação, mas também de reflexão científica.

Referências bibliográficas

GOIS, Antônio. 53% dos formandos no país trabalham em outras áreas. *Folha de S. Paulo*, São Paulo, 11 set. 2006, Caderno Cotidiano, p. 1.

OROZCO GÓMEZ, Guillermo. Comunicação de massa na era da internet. *Comunicação & Educação*, São Paulo: CCA-ECAUSP/Paulinas, ano XI, n. 3, set./dez. 2006.

Criando laços:
a gestão da comunicação e da educação em instituições de ensino privadas

LEDA MÁRCIA ARASHIRO*

Este projeto de intervenção foi elaborado para obtenção do título de Especialista em Gestão da Comunicação, pela Escola de Comunicações e Artes da Universidade de São Paulo – USP.[1] O objeto de estudo é uma instituição de ensino privada paulistana,[2] composta de duas faculdades e dois colégios. As faculdades ministram cursos nas áreas de Informática e Administração de Empresas. Os colégios oferecem cursos do Ensino Fundamental, Ensino Médio e Cursos Técnicos em Informática e Administração de Empresas.

Essa estrutura complexa é resultado da expansão do que foi inicialmente um colégio de primeiro grau que buscou atender a demandas emergentes da região e da cidade. O resultado foi uma teia organizacional intrincada e não planejada com grandes problemas no fluxo de comunicação entre as partes – funcionários, escolas e departamentos –, fragmentando o processo comunicacional em todas as suas instâncias.

Depois de pesquisa empírica e bibliográfica, foi elaborado o projeto de um Memorial, recuperando a história da instituição

---

* Especialista em Gestão da Comunicação pela Escola de Comunicações e Artes da USP. E-mail: ledamarcia@gmail.com.
[1] Título obtido através do Curso de Especialização *Lato Sensu* Gestão da Comunicação, da ECA-USP, em 2007.
[2] Para garantir a fidedignidade das informações, comprometemo-nos junto às instituições de ensino pesquisadas a conservá-las no anonimato, bem como as pessoas entrevistadas para o projeto.

e de seu processo de crescimento, resultante da participação efetiva de todos aqueles que mantiveram algum tipo de vínculo com as escolas do grupo educacional analisado. A constituição do Memorial é vista como o ponto de partida para a criação de um espaço que possibilite a troca de informações entre todos.

O processo de organização e realização do Memorial poderá trazer, se bem conduzido, a constituição de um ecossistema comunicativo saudável.[3] Partiremos de um processo coletivo de discussão e de outros recursos de troca e interatividade que garantam a participação e o envolvimento de representantes de todos os níveis funcionais e de todos os departamentos no processo. As bases teóricas que nos ajudaram a conceituar a pesquisa são os conceitos de Educomunicação, um campo de intervenção social que inter-relaciona a comunicação social e a educação, com a utilização dos recursos da comunicação para potencializar o aprendizado, e seus conceitos, como o ecossistema comunicativo articulado por Jesús Martín-Barbero.

Iniciando a pesquisa

O interesse em elaborar este projeto veio do fato de trabalharmos nesta instituição de ensino, na coordenação do Departamento de Comunicação. Para entender melhor a organização, procuramos saber como se processava o fluxo de comunicação. Para tanto, foram realizadas 18 entrevistas em profundidade com funcionários, diretores e coordenadores das escolas e funcionários administrativos da entidade mantenedora, mapeando seus fluxos comunicacionais. O resultado levou-nos a perceber a fragmentação e o isolamento existente entre departamentos, instâncias e funcionários da organização. Para melhor explici-

---

[3] Ecossistema comunicativo é o conceito utilizado por diversos autores, entre eles Jesús Martín-Barbero, designando uma comunicação integrada entre projeto pedagógico, professores, alunos, público externo e comunidade como um todo. O conceito será mais bem definido ao longo do texto.

tarmos essa etapa da pesquisa, elaboramos gráficos, como o que exibimos a seguir.[4]

Figura 1

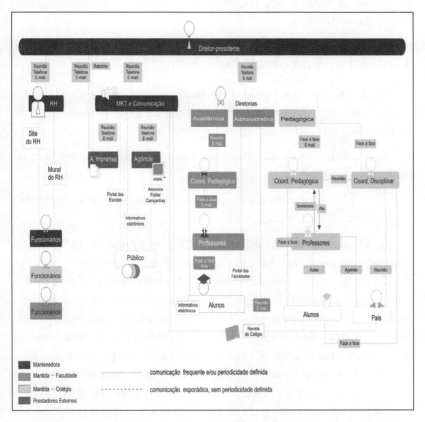

Observa-se na figura 1 que os processos de comunicação desta instituição de ensino são unidirecionais e hierarquizados, com pouco fluxo de comunicação entre pais, alunos e professores com a cúpula. O mesmo se dá com a relação entre funcionários,

---

[4] Sobre esta representação dos gráficos, ver: LAET, Maria Aparecida. *Gestão do conhecimento e comunicação*; o fluxo do conhecimento dentro das empresas. Trabalho de Conclusão de Curso em Gestão de Processos Comunicacionais. Escola de Comunicações e Artes, Universidade de São Paulo, 2003.

departamento de Recursos Humanos e a alta administração. São escassos os meios de comunicação que permitam que a mensagem flua entre departamentos, escolas e funcionários. Grandes vazios e espaços de silêncio aparecem onde deveria haver comunicação, interação e diálogo.

Metodologia da pesquisa

Para propor um projeto de intervenção capaz de desfazer as barreiras existentes entre os diferentes grupos e estratos da instituição, partimos de algumas hipóteses:

1. A comunicação em ambientes educacionais deve ser fluente, dialógica e integrada.

2. O planejamento da comunicação deve ser complementar à proposta pedagógica.

3. O planejamento adequado de comunicação refletirá na melhor organização das atividades, com consequente melhoria do aproveitamento dos alunos. A metodologia de pesquisa compreendeu, além de novas entrevistas com os profissionais da instituição, entrevistas com coordenadores de comunicação de quatro instituições de ensino privadas que tivessem uma história de crescimento e uma atuação semelhante ao grupo estudado. Através dessas entrevistas, pudemos mapear o processo de comunicação nessas outras instituições, gerando gráficos semelhantes ao que já apresentamos para nossos leitores. Os resultados obtidos serão apresentados sob forma de descrição comentada, a partir de análise de conteúdo das entrevistas.

Instituição de ensino 2

A instituição de ensino 2 é um grupo educacional de grande porte. Possui oito *campi*, oferece 33 cursos de graduação e nove de pós-graduação, e conta com mais de 10 mil alunos, sendo 9,5 mil na universidade e 1,3 mil nos colégios. Observa-se na figura 2 que os processos de comunicação da instituição são também unidirecionais, havendo pouca troca de informações entre funcionários, docentes, alunos e familiares de alunos. Há uma troca maior de informações somente entre o reitor, os diretores e os coordenadores pedagógicos.

Nota-se que os processos de comunicação são hierarquizados, pois os alunos e familiares mantêm contato frequente somente com professores, que por sua vez contatam seus respectivos coordenadores. O reitor e os diretores comunicam-se com os professores, alunos e seus familiares somente por intermédio do jornal mensal da instituição.

Figura 2

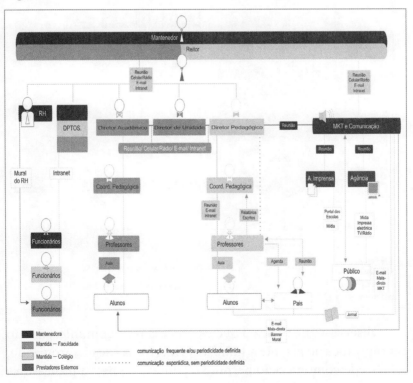

Instituição de ensino 3

A instituição de ensino 3 oferece sete cursos de graduação na metodologia de Ensino a Distância (EAD) e conta com cerca de 300 alunos. O Ensino Fundamental e Médio – que são oferecidos na modalidade presencial – atendem 840 alunos.

Figura 3

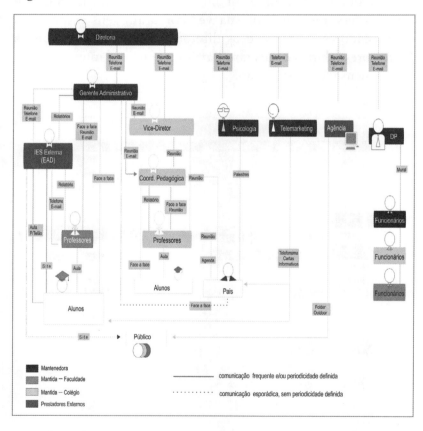

Observa-se na figura 3 que os processos de comunicação são centralizados no gerente administrativo. Apesar de hierarquizado, o fluxo de comunicação permite o contato de pais e professores com a cúpula em determinados momentos, como nas palestras mensais que o colégio promove para pais e familiares.

Para comunicar-se com os pais de alunos, a escola utiliza agendas que transitam da instituição para as residências, envia documentos pelo correio ou usa o telefone. Outra forma de comunicação usada é o boletim informativo, publicado para cada ciclo, orientando sobre eventos e atividades estudantis. O contato dos professores com os coordenadores e a direção do colégio é diário no Ensino Fundamental e Médio. Na faculdade, os coordenadores pedagógicos ficam fisicamente isolados, comunicando-se por telefone ou e-mail.

Instituição de ensino 4

A instituição de ensino 4 é administrada por uma entidade religiosa. O colégio atende cerca de 3 mil alunos e oferece os cursos de Ensino Infantil até Ensino Médio. A faculdade dispõe de quatro cursos de graduação e cinco de pós-graduação.

Observa-se na figura 4 que os processos de comunicação estão centralizados no Departamento de Comunicação, que responde tanto à entidade mantenedora – quando realiza os trabalhos de marketing, assessoria de imprensa e comunicação interna – quanto ao colégio – quando ministra cursos de capacitação aos alunos para editar programas de rádio ou para elaborar textos para a revista da escola. O Departamento de Comunicação também é responsável pela capacitação dos alunos na realização de vídeos.

Uma vez por ano, o colégio organiza um festival de cinema aberto à comunidade, com a apresentação de todos os vídeos produzidos pelos alunos. Nesses eventos, os pais costumam trocar ideias com os professores e coordenadores do colégio.

Os funcionários, professores, diretores e coordenadores do colégio não mantêm nenhum tipo de comunicação com a faculda-

Figura 4

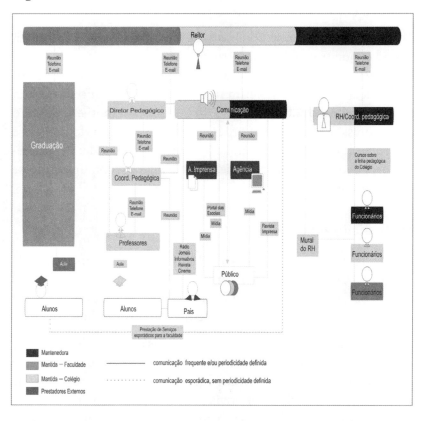

de. Apesar de serem hierarquicamente ligados à mesma reitoria, eles se consideram integrantes de grupos diferentes.

O processo de comunicação é hierarquizado, constituindo o reitor a autoridade máxima da instituição de ensino.

Instituição de ensino 5

A instituição de ensino 5 é administrada por uma fundação. Trabalha com 5.300 alunos e 430 professores. O colégio conta com duas unidades que oferecem cursos de Educação Infantil,

Figura 5

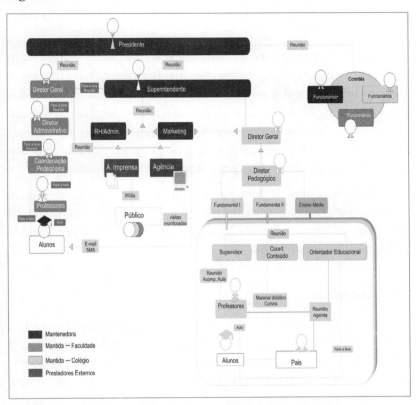

Ensino Fundamental e Ensino Médio. A faculdade dispõe de 13 cursos de graduação, 12 de extensão e 10 de pós-graduação.

Observa-se na figura 5 que o fluxo de informação é hierarquizado, verticalizado, com as informações concentrando-se no diretor-geral da faculdade, no superintendente da entidade mantenedora e no presidente, sendo raras as oportunidades de comunicação dos coordenadores, professores, supervisores, pais e alunos com o alto escalão.

Os processos de comunicação dessa instituição não contemplam fluxos comunicacionais entre os docentes de ciclos diferentes, fragmentando o processo. As salas dos professores são separadas de acordo com os ciclos, o que dificulta a comunicação entre eles.

Apesar dos processos de comunicação hierarquizados e fragmentados, existem algumas brechas que permitem fluir o processo de comunicação entre os funcionários: são os comitês formados para organização de eventos, que parecem funcionar como ponto de encontro em que os funcionários podem se conhecer e trocar ideias não só a respeito do planejamento do evento que deu origem à formação do comitê, mas também sobre qualquer assunto.

As ferramentas de comunicação da escola com os familiares dos alunos da Educação Infantil e do Ensino Fundamental I resumem-se a uma agenda e uma pasta em que os professores colocam as circulares do colégio.

Análise geral

Apesar de os eventos rotineiros objetivarem a aproximação de alunos e familiares com as escolas, os processos de comunicação das instituições de ensino pesquisadas são centralizados, havendo pouca troca de informação entre funcionários e docentes, docentes e familiares de alunos, docentes e alta administração.

Uma característica comum é a hierarquia, que controla o diálogo e as informações que circulam no ambiente escolar, prejudicando o processo de comunicação e não permitindo – de maneira geral – sua fluidez.

Apesar de existirem algumas aberturas que possibilitam a melhoria do processo de comunicação entre as pessoas que fazem parte das instituições pesquisadas, estamos distantes de um ecossistema comunicativo saudável, que pensa a comunicação como um todo, de forma abrangente, sem as divisões convencionais em comunicação interna e externa, institucional e pública.

A educação e a comunicação – Ferramentas do gestor de comunicação

Nos últimos anos, os meios de comunicação vêm se impondo como uma realidade forte, presente e significativa no cotidiano das pessoas. Não se pode ignorar a influência desses meios no processo de aprendizagem, sendo responsáveis por grande parte do conhecimento adquirido atualmente.

Tal fato passou a chamar a atenção de pesquisadores da Comunicação, que têm buscado na educação aportes teóricos que possam indicar caminhos para a sociedade desenvolver uma maneira de olhar mais crítica em relação a esse mar de informações despejado pelos meios. Um destes caminhos é a chamada Educomunicação, um campo de intervenção social que inter-relaciona a comunicação social e a educação, com a utilização dos recursos comunicacionais para potencializar o aprendizado.[5] Costa afirma que as razões para que essa integração se observe, tanto na academia quanto na prática, "são, principalmente, de natureza social – a crise se avizinha desses campos do conhecimento e exige a busca de novos procedimentos e novos modelos de explicação da realidade".[6]

A Educomunicação, portanto, define-se como um conjunto de ações destinadas a: observar como os meios de comunicação agem na sociedade e a buscar formas de conviver com eles sem se deixar manipular; rever as relações de comunicação no ambiente em que se estuda ou se trabalha para criar espaços abertos e democráticos; facilitar o processo de aprendizagem e oferecer recursos para que todos possam expressar-se.[7]

---

[5] SOARES, Ismar de Oliveira. Comunicação/Educação: a emergência de um novo campo e o perfil de seus profissionais. *Contato*, Brasília: Senado Federal, v. 1, n. 2, p. 19, jan./mar. 1999.
[6] COSTA, Maria Cristina Castilho. *Educomunicador é preciso!* Disponível em: <http://www.jornalescolar.org.br/site/1376/ nota/18222>. Acesso em: 30 out. 2007.
[7] Anotações de aula. Ismar de Oliveira Soares. Curso de pós-graduação *lato sensu* Gestão da Comunicação. Escola de Comunicações e Artes da Universidade de São Paulo. 30 mar. 2007.

Para Soares:

[...] o *locus* de ação da Educomunicação são os ecossistemas comunicativos, ambos intrinsecamente ligados, já que a primeira é representada pelo conjunto de ações que permitem que educadores, comunicadores e outros agentes promovam e ampliem as relações de comunicação entre as pessoas que compõem a comunidade educativa. Do conceito de ecossistema desenvolvido pela Biologia, é importante ressaltar a relação de trocas, de interdependência entre seres diferentes, que acontece em variados níveis; e do fato de que ecossistemas maiores podem conter ecossistemas menores.[8]

O conceito de ecossistema comunicativo foi articulado por Jesús Martín-Barbero, "não apenas conformado pelas tecnologias e meios de comunicação, mas também pela trama de configurações constituída pelo conjunto de linguagens, representações e narrativas que penetra nossa vida cotidiana de modo transversal".[9]

Para Soares, verdadeiros ecossistemas comunicativos cuidam "da saúde e do bom fluxo das relações entre as pessoas e os grupos humanos, bem como do acesso de todos ao uso adequado das tecnologias da informação".[10]

Com a Educomunicação é possível buscar-se a democratização da ação comunicativa para que o processo de comunicação alcance a eficiência e a eficácia que se espera, visando

[...] garantir, mediante o compromisso e a criatividade de todos os envolvidos e sob a liderança de profissionais qualificados, o uso adequado dos recursos tecnológicos e o exercício pleno da comunicação

---

[8] SOARES, Ismar et al. O Projeto Educom.TV: formação on-line de professores numa perspectiva educomunicativa. Revista Digital de Tecnologia Educacional e Educação a Distância, v. 1, n. 1, nov. 2004. Disponível em: <http://www.pucsp.br/tead/n1a/artigos2/resumo2.htm>. Acesso em: 29 out. 2007.
[9] Ibid.
[10] Ibid.

entre as pessoas que constituem a comunidade, assim como entre esta e os demais setores da sociedade.[11]

Portanto, a Educomunicação parece ser o caminho para modificar cenários em que predominam os modelos funcionalistas de comunicação, nos quais é preciso implementar processos que considerem a comunicação como um todo e permitam que a mensagem flua de forma multidirecional, ampliando a capacidade de expressão de todos os membros de uma organização. O gestor responsável pela implementação desses processos de comunicação precisará estar atento ao novo pacto social em torno do problema da produção e do uso dos meios, que privilegie

> [...] o uso dos processos, recursos e tecnologias da informação a partir da perspectiva de uma mediação participativa e democrática da comunicação. Isto inclui tanto o desenvolvimento e o emprego das tecnologias para a otimização das práticas educativas quanto a capacitação dos educandos para o seu manejo, assim como a recepção organizada, ativa e crítica das mensagens massivas.[12]

Dessa forma, o gestor de comunicação vai se transformar em gestor educomunicativo. Contribuirá para a alteração do processo de comunicação organizacional em educomunicativo, com atividades destinadas à manutenção do ecossistema comunicativo da instituição, em que deve haver um verdadeiro diálogo comunicativo que possibilitará a continuidade da saúde empresarial, por meio de canais limpos e saudáveis de comunicação entre todos os atores participantes desse intrincado roteiro organizacional.

Porém, para o estabelecimento de um verdadeiro ecossistema comunicativo nas instituições de ensino focalizadas no projeto de intervenção, será preciso elaborar um planejamento eficiente, que englobe todas as oportunidades existentes que permitam o

---

[11] SOARES, Comunicação/Educação, cit., p. 41.
[12] Ibid.

alargamento dos debates e das discussões para o desenvolvimento saudável da formação de opinião entre todos. Esse processo terá de ser implementado com o aproveitamento de lacunas, a fim de modificar paulatinamente o controle hegemônico do processo de comunicação exercido pela classe dirigente, sem ferir a cultura organizacional vigente para que não haja rejeição à implementação do projeto de intervenção.

Projeto de intervenção

Este projeto de intervenção começou a delinear-se no momento em que começamos a realizar as primeiras entrevistas com os funcionários mais antigos da instituição de ensino 1, quando muitos se emocionaram ao relembrar as histórias da escola. Foi interessante notar o carinho com que muitos se referiam ao fundador e o incentivo da maioria das pessoas para que continuássemos o trabalho de resgate da história da instituição.

Todos os depoimentos contribuíram para nos indicar que seria possível trilhar um caminho, embasado na Educomunicação, que pudesse ajudar a resolver o problema comunicacional detectado neste trabalho.

A inspiração para esse caminho veio da leitura do livro *Memória e cultura: a importância da memória na formação cultural humana*, organizado por Danilo Santos de Miranda. A obra reúne conferências, debates e relatos de experiências apresentados em setembro de 2006, no Seminário Internacional Memória e Cultura: a Importância da Memória na Formação Cultural, organizado pelo Sesc de São Paulo para promover "o debate e a difusão de experiências desenvolvidas em núcleos de preservação da memória, localizados em instituições culturais, universidades, empresas, comunidades e organizações afins".[13]

---

[13] MIRANDA, Danilo Santos de (org.). *Memória e cultura*; a importância da memória na formação cultural humana. São Paulo: Edições Sesc-SP, 2007. p. 8.

O contato com as diversas experiências relatadas na obra levou-nos a refletir sobre o fato de que a organização de um memorial escolar, com a efetiva participação de todos que mantêm ou mantiveram algum tipo de vínculo com a instituição de ensino 1 em algum momento de sua vida, poderia ser o ponto de partida para a conquista de um espaço que possibilite a troca de informações entre todos. O próprio processo de organização e construção do memorial poderia trazer, se bem conduzido, a construção de um ecossistema comunicativo saudável, pois, segundo Alvisi, "o ato de recuperar a memória de forma compartilhada é um trabalho que constrói sólidas pontes de relacionamento entre os indivíduos".[14]

Dessa forma, o que este trabalho propõe como projeto de intervenção é a organização de um memorial escolar com a participação efetiva de todos que mantiveram algum tipo de vínculo com as escolas deste grupo educacional. Deseja-se que o trabalho permita o aumento dos debates e das discussões para o desenvolvimento saudável da formação de opinião entre todos, implementando um verdadeiro ecossistema comunicativo na instituição de ensino 1.

Partimos do pressuposto de que esse projeto terá de passar por um processo coletivo de discussão, sendo que sua organização e posterior implementação serão viáveis somente com a participação e o envolvimento de representantes de todos os níveis e departamentos no processo.

É importante frisar que este projeto não deverá se restringir a uma simples exposição dos objetos históricos ou do acervo documental a serem angariados para o memorial escolar. Indo muito além, terá de incluir em seu escopo a capacitação dos componentes do grupo na sua organização, manutenção e divulgação.

---

[14] ALVISI, Lílian de Cássia. A recuperação da memória escolar; uma estratégia político--educacional. Memorial escolar em Poços de Caldas (MG). In: MIRANDA, op. cit., p. 258.

Pretende, ainda, proporcionar aos participantes o exercício da mediação tecnológica através do computador, da comunicação em rede e da construção do conhecimento, e familiarizá-los com as novas tecnologias de comunicação, transformando o projeto de organização do memorial escolar em um projeto educomunicativo.

Um dos primeiros passos a empreender será motivar as pessoas a participar do projeto. Para tanto, vamos propor sua divulgação nos veículos de comunicação utilizados atualmente pela instituição de ensino 1, além de divulgá-lo nos jornais de bairro e nas reuniões de professores que acontecem no início do semestre letivo para todos os ciclos.

Será proposto aos alunos e professores das faculdades que elaborem um projeto para construção de um ambiente virtual que permita a participação interativa de todos os componentes do grupo. Vamos sugerir que esse ambiente também possa funcionar como um memorial escolar virtual, com salas virtuais para exposição dos materiais fotografados e documentos escaneados, além de locais para armazenamento das histórias orais coletadas pelo grupo, por exemplo.

A partir das interações nesse ambiente virtual, passaremos para a criação de um jornal colaborativo virtual, com notícias sobre o andamento do projeto de organização do memorial escolar, no qual todos poderão expressar-se democraticamente. Para tanto, utilizaremos a ferramenta wiki,* um espaço colaborativo na internet que permite a edição coletiva dos documentos sem que haja necessidade de seu conteúdo ser aprovado antes de sua publicação. Esse tipo de espaço colaborativo é uma espécie de blog coletivo, no qual um site fornece uma área para publicação de relatos de experiências. Todos os componentes de um grupo

---

* Sobre a ferramenta Wiki, ver: GOMES, Mayra Rodrigues. A ferramenta wiki: uma experiência pedagógica. *Comunicação & Educação*, São Paulo: CCA-ECA-USP/Paulinas, ano XII, n. 2, maio/ago. 2007. (N.E.)

podem inserir ou modificar textos, figuras, fotos ou ilustrações de forma coletiva, sem que haja um editor responsável pelos conteúdos.[15] Capacitaremos os componentes do grupo para a utilização da ferramenta como instrumento de comunicação, procurando desenvolver um olhar crítico em relação à produção midiática, com discussões e análises sobre a mídia em geral. As bases teóricas serão debates sobre Educomunicação e seus conceitos, com apoio em textos e artigos do curso de Gestão de Processos Comunicacionais, da ECA/USP.

Incentivaremos o desenvolvimento de projetos interdisciplinares nesses espaços colaborativos, com a participação de todos os componentes do grupo na produção de reportagens e videorreportagens.

Aqueles que têm dificuldade em trabalhar com computadores serão incentivados a participar de cursos de capacitação, que poderão ser ministrados pelos próprios alunos nos laboratórios da escola.

Além da interação do grupo no ambiente virtual, este projeto pretende: manter encontros presenciais do grupo periodicamente, para estreitar vínculos pessoais e afetivos; aprofundar os debates realizados virtualmente; e propor atividades práticas sobre a organização e implementação do memorial escolar.

Ponto importante na condução deste projeto será a manutenção de um fluxo de comunicação intenso e dialogal entre todos os componentes do grupo, para estabelecer um ecossistema comunicativo saudável que possibilite a troca de informações, experiências e ideias. Assim, se bem conduzido, o projeto permitirá que o relacionamento educomunicativo construído durante sua implementação seja levado para as escolas da instituição de

---

[15] Para mais informações sobre produções colaborativas na internet, ver ARASHIRO, Leda M. *Jornalismo colaborativo*; a participação das fontes na produção da notícia. Monografia (Graduação em Comunicação Social)–Faculdades Integradas Rio Branco, São Paulo, 2005.

ensino 1, para modificar paulatinamente seu modelo funcionalista de comunicação.

Referências bibliográficas

ALVISI, Lílian de Cássia. A recuperação da memória escolar; uma estratégia político-educacional. Memorial escolar em Poços de Caldas (MG). In: MIRANDA, Danilo Santos de (org.). *Memória e cultura*; a importância da memória na formação cultural humana. São Paulo: Edições Sesc-SP, 2007.

ARASHIRO, Leda M. *Jornalismo colaborativo*; a participação das fontes na produção da notícia. Monografia (Graduação em Comunicação Social)–Faculdades Integradas Rio Branco, São Paulo, 2005.

COSTA, Maria Cristina Castilho. *Educomunicador é preciso!* Disponível em: <http://www.jornalescolar.org.br/site/1376/nota/18222>. Acesso em: 30 out. 2007.

GOMES, Mayra Rodrigues. A ferramenta wiki: uma experiência pedagógica. *Comunicação & Educação*, São Paulo: CCA-ECA-USP/Paulinas, ano XII, n. 2, maio/ago. 2007.

LAET, Maria Aparecida. *Gestão do conhecimento e comunicação*: o fluxo do conhecimento dentro das empresas. Trabalho de Conclusão de Curso em Gestão de Processos Comunicacionais. Escola de Comunicações e Artes, Universidade de São Paulo, São Paulo, 2003.

MIRANDA, Danilo Santos de (org.). *Memória e cultura*: a importância da memória na formação cultural humana. São Paulo: Edições Sesc-SP, 2007.

SOARES, Ismar de Oliveira. Comunicação/Educação: a emergência de um novo campo e o perfil de seus profissionais. *Contato*, Brasília: Senado Federal, v. 1, n. 2, jan./mar. 1999.

SOARES, Ismar de Oliveira et al. O Projeto Educom. TV: formação on-line de professores numa perspectiva educomunicativa. *Revista Digital de Tecnologia Educacional e Educação a Distância*, v. 1, n. 1, nov. 2004. Disponível em: <http://www.pucsp.br/tead/n1a/artigos2/resumo2.htm>. Acesso em: 29 out. 2007.

Leituras ambientais na paisagem transformada

Eduardo Louis Jacob[*]

A exposição de poesia no interior das estações do Metrô paulistano, utilizando os recursos da Comunicação Gráfico--Ambiental (CGA), foi a proposta de gestão da comunicação apresentada aos autores do projeto *Poesia no Metrô: olhares na paisagem urbana*, e tema deste artigo. A comunicação gráfico--ambiental é um conceito com o qual trabalho há algum tempo. Nesse caso, sua aplicação é de suma importância, pois constitui a interface entre o discurso poético e o público receptor. Ela é quem dá forma e substância ao projeto e transforma o ambiente em outro discurso, potencializando o espaço do Metrô como suporte para comunicação. O projeto de gestão preocupou-se em verificar a sua adequação e o nível do repertório dos usuários, como também identificar qual a forma mais adequada de apresentar a poesia ao público, caminho que conduz à CGA.

A proposta de intervenção surgiu quando o escritor e poeta Carlos Figueiredo, idealizador e responsável pela seleção dos textos poéticos, e o artista plástico Antonio Peticov, encarregado de aplicar e dar aparência aos textos, procuraram descobrir a melhor forma de executar a exposição. O objetivo deles é, através do contato contemplativo, estimular o público a estabelecer um hábito frequente de leitura de elementos literários, especificamente os poéticos.

---

[*] Programador visual, atua em comunicação gráfico-ambiental na TSO Comunicação Visual. Especialista em Gestão de Processos Comunicacionais e mestrando na PUC/SP. E-mail: eddieloja@gmail.com.

O intuito dos artistas é proporcionar um contato direto com manifestações poéticas de diferentes matrizes e, a partir do impacto e estranhamento causados pela intervenção, perpetrar uma ruptura nas formas tradicionais de perceber a poesia e incorporá-la naturalmente em seu cotidiano. O projeto foi de início recebido pelo gestor para verificar sua viabilidade técnica e operacional. Submetido à luz da gestão da comunicação e a uma análise bem mais ampliada dos seus elementos constitutivos, revela a figura do gestor de comunicação como mediador entre a proposta dos autores e o público-alvo. Os preceitos assumidos pelo trabalho partem da classificação do projeto como uma intervenção urbana. Para o amplo entendimento desse conceito, buscou-se a compreensão das noções aqui envolvidas, cada qual isoladamente:

- Intervenção: o ponto de partida é a interferência em sítios específicos com recursos do que se convencionou aqui chamar de comunicação gráfico-ambiental.
- Urbano: ao explorar o universo da paisagem urbana em sua integralidade, a metrópole.

O entendimento do mundo a partir da experiência da informação nova é a principal preocupação desse trabalho. Ao selecionar o ambiente das estações de Metrô, há um recorte em uma perspectiva significativamente mais vasta. Dali para fora: a cidade. A capacidade de contemplação dos indivíduos é discutida dentro da equação mobilidade *versus* exposição que pode resultar em alteração da percepção das variáveis ambientais e consequentes mudanças comportamentais. Ao se deslocarem os elementos a ser contemplados para lugares primariamente tipificados com base em outra lógica informacional, regenera-se o manancial de significados presentes nesses espaços públicos, reprogramando a significação de tais espacialidades, ao transformar as paisagens em informação.

Aprendendo a ter experiências

A pergunta que o trabalho de intervenção suscitou a todo instante foi: se colocarmos elementos de distração nos caminhos, em coexistência com outros dotados de ênfases puramente urbanísticas e arquitetônicas, que sensibilizem o transeunte e o despertem para o seu entorno, poderá ser recriada uma maneira de o cidadão lidar com a cidade?

Percebe-se que a CGA possibilita que as pessoas manipulem os significados das espacialidades concebidas, redimensionando as próprias interações decorrentes, com vistas ao estabelecimento de novos referenciais consensuais. Dessa maneira, os textos gráficos (tanto palavra como imagem) podem ser incorporados em um ambiente informacional completo que procura moldar as mentes de seus usuários e proporcionar experiências sensórias que promovam alterações em sua espacialidade e em seu comportamento. Uma conexão orgânica fincada entre a comunicação gráfico-ambiental e uma construção ambiental antevê uma relação espacial entre o observador e o ambiente, na qual a CGA funciona como dispositivo tecnológico de mediação, indicando não só o uso social daquele ambiente, mas também agindo como uma escritura sem palavras de um texto sem autor. A comunicação gráfico-ambiental e sua significação se concretizam quando a presença de tal comunicação produz uma resposta sensível nas pessoas. Aprendemos a ter experiências no interior desses sistemas ambientais. Nesse caso, o indivíduo constrói internamente – através da observação – a informação sobre o seu ambiente, a partir de um programa tutorial de propagação informacional, de responsabilidade dos atores comunicativos que interagem dentro desse sistema, que nos sugere e nos convida a associações de ecologia e cultura.

Falar da relação do indivíduo com o mundo é falar de percepção ambiental. Para Ferrara, são os usos e hábitos reunidos que constroem a imagem do lugar, mas sua característica de rotina cotidiana projeta sobre ela uma membrana de opacidade que impede sua percepção, tornando o lugar, tal como o espaço, homogêneo e inteligível, sem decodificação.[1]

O perigo de a percepção ser contaminada ou deformada, portanto, pode se dar no sentido da acomodação, em que uma dada paisagem torna-se tão familiar que mal a percebemos mais como informação. Para a autora, superar essa opacidade é condição de percepção ambiental. O processo de gerar informação (pela percepção) a partir de uma informação (ambiente) é chamado de percepção ambiental, condicionada pela revelação dos signos do lugar informado. Quanto mais homogêneo é o ambiente, menor é a sua legibilidade. O máximo de homogeneidade permite o mínimo de leitura. Só lemos o que é heterogêneo ou o que se torna saliente à nossa observação pela ruptura dos hábitos e costumes. O texto ambiental não é imposto. Pelo contrário, ele não nos cobra atenção. Por isso, o "hábito de atuar nos mesmos espaços e ambientes faz com que eles sejam cada vez mais iguais e imperceptíveis"[2] para os indivíduos.

Sabemos identificar as coisas ao nosso redor antes mesmo de aprendermos as palavras que representam essas coisas. As cidades, as ruas, são o pano de fundo, o cenário no qual nossas vidas são encenadas. Se, como as crianças, que ao brincar nas ruas percebem como naturais os elementos que compõem seus ambientes familiares e sociais, com a mesma naturalidade, quando adultas, notarão o mundo ao seu redor, não reagindo, por não possuírem repertório alternativo, à transformação da paisagem que as cerca. Paulo Freire acerta ao dizer "que a leitura da palavra não é apenas precedida pela leitura do mundo, mas por certa forma de 'escrevê-lo' ou de 'reescrevê-lo', quer dizer, de transformá-lo através de nossa prática consciente".[3] Posto que o significado,

---

[1] FERRARA, Lucrécia D'Alessio. *Olhar periférico*. São Paulo: Edusp, 1993. p. 153.
[2] Id. *Leituras sem palavras*. São Paulo: Ática, 2004. p. 16.
[3] FREIRE, Paulo. *A importância do ato de ler*. São Paulo: Cortez, 1992. p. 22.

o sentido dos lugares, muda constantemente em função dos diversos usos, dos processos que ocorrem com aqueles lugares. Toda relação com um determinado lugar é uma tentativa de ler e capturar os diferentes sentidos possíveis desse lugar, pois "não há um sentido, mas sentidos produzidos que não se impõem".[4]

Surge a ideia de interpretação: a comunicação gráfico-ambiental está constantemente interpretando o lugar. A CGA qualifica o lugar para o observador que por ali se desloca, estabelecendo uma relação entre esse observador e o lugar identificado. E o que se vê são essas estratégias de leitura, mais do que propriamente os lugares em si, porque eles mesmos podem se revestir de vários significados.

A comunicação gráfico-ambiental

O termo "comunicação gráfico-ambiental" foi cunhado a partir da necessidade de diferenciar a comunicação visual tradicional, campo do design e das artes gráficas convencionais, da comunicação visual do tipo ambiental, resultado da combinação das novas tecnologias de produção de imagens, produtos e suportes, com o design gráfico e industrial, ao empregar recursos híbridos que misturam substratos e tecnologias digitais para a elaboração de peças normalmente acopladas a superfícies, reelaborando a ordem informacional que compõe o ambiente, em caráter permanente ou temporário. Também é conhecida como comunicação visual de grande formato ou, simplesmente, de sinalização; expressões rejeitadas por não atenderem a todos os aspectos formais ostentados atualmente pela CGA.

Sua irrefreável vocação proliferativa transforma em suporte o que se suporia não ser. A comunicação gráfico-ambiental instaura nos locais em que atua, com base em sua qualidade visível, a separação formal entre aparência e conteúdo – estes preservados

---
[4] FERRARA, *Leituras sem palavras*, cit., p. 16.

funcionalmente. Sua posição é entre meios, entre caminhos ou entre realidades, marcos referenciais que orientam e articulam conexões. Robert Venturi amarra essa discussão, recolocando-a no campo ambiental. Para ele, baseado em seus estudos sobre arquitetura, o inteiro é articulado pela inclusão de uma nova parte. Ele afirma que o contexto dá a um edifício sua expressão e, consequentemente, mudanças no contexto causam alterações na expressão. Se tomarmos a nova parte como sendo a CGA, dada sua inclusão em determinada cena, podemos imaginar uma mudança na expressão do ambiente. Com seu famoso diagrama do pato e o galpão decorado,[5] Venturi celebra o modelo de prédio que surgiu para caracterizar as manifestações de contradições: um espaço em branco a ser preenchido (espaço vazio ou intervalo) em caixa de concreto, cujos significado, função e ornamento são derivados dos símbolos conectados a ele, tanto atarraxados no topo do prédio ou posicionados no estacionamento virado para a avenida. A planta do edifício não importa mais; esse galpão pode abrigar uma fábrica ou uma igreja – o que difere uma de outra é o painel na fachada que informa qual o uso social do prédio. Ele defende uma arquitetura como suporte de outras linguagens, ou, como ele mesmo chama, como abrigo com símbolos por cima. A arquitetura com frente retórica e fundos convencionais, voltados a uso e abrigo.

Há tempos a CGA se estabeleceu nas cidades. Apenas recentemente, no entanto, adquiriu importância e conquistou atenção, motivada pelo acelerado desenvolvimento tecnológico incorporado à prática nestes últimos anos. A produção artesanal das peças restringia sua aplicação e disseminação, tornando sua utilização acessível a poucos. Antigamente, a CGA de qualidade era muito mais resultado da perícia manual de alguns artesãos, aproximando-a, em sua prática e aparência, das artes plásticas

---

[5] VENTURI, Robert; SCOTT BROWN, Denise. *Aprendendo com Las Vegas*. Tradução Pedro Maia Soares. São Paulo: Cosac & Naify, 2003. p. 119.

e do artesanato. Esses artesãos desenvolveram especialidades, como a elaboração de placas, pôsteres, muros, instalações, diretórios, fachadas e cenografias, seja lapidando fisicamente, seja colorindo as mensagens a serem transmitidas. Assim, diante das dificuldades habituais de um trabalho artesanal, as peças eram onerosas e demoradas, tornando seu uso restrito. Sua principal característica, convém ressaltar, era de permanência por tempo indeterminado. Eram peças que ficavam décadas nos locais onde eram posicionadas e correspondiam aos preceitos arquiteturais dessas épocas, nas quais eram valorizadas características como durabilidade, solidez e perenidade. Ao se transformar da forma dimensional e estanque, densa e escultural para a presença plástica e efêmera, imagética e fugaz dos dias de hoje, a CGA multiplicou muito sua capacidade de interlocução. O início desse processo se deu nas cidades à medida que as multidões passaram a ser notadas como fenômeno moderno.

A CGA cresceu e se alastrou no mesmo ritmo que as cidades, como um efeito colateral do processo de urbanização, fruto de uma sociedade urbana emergente. Os gráficos ambientais são peças posicionadas no meio do nosso caminho. É impossível deambular pela cidade sem reparar nas peças de comunicação. Outdoors, placas, totens, luminosos, cartazes, faixas, *banners*, adesivos, veículos e muitos outros. A lista de aplicações é extensa. A CGA pode produzir, hoje em dia, peças com dimensões gigantescas, antes inimagináveis, com um ganho em escala de produção até então nunca adotado. Rápida, simultânea e globalmente, pode-se espalhar comunicação em cidades inteiras. É possível percebê-la em parques, eventos, shows, exposições e comícios, tanto em áreas externas quanto internas. Também é extensamente utilizada em shopping centers, aeroportos, avenidas, lojas, museus, enfim, todos os lugares onde há presença e fluxo de pessoas.

No jargão publicitário, o termo "mídia exterior" indica a existência de placas, outdoors e luminosos, entre outros, que veiculam mensagens publicitárias. É evidente que o uso publicitário da CGA é amplamente reconhecido, porém convém sublinhar que não devemos entender que uma coisa equivale à outra. A CGA não serve só aos domínios publicistas. Existe, sem dúvida, uma climatização do ambiente urbano com aspectos relacionados ao consumo, mas cair no erro de entender essa perspectiva como sendo a única componente do universo comunicacional ambiental seria observar só uma das partes do fenômeno.

Estações do Metrô: o não lugar conectado

O fluxo revela o movimento das coisas. Nas megacidades, a vida é agitada. O fluxo interage com os fixos continuamente. As vias são as conexões que ligam os diversos pontos das cidades. Os *mega buildings* e a compartimentalização da vida em microrregiões representam a possível nova organização das cidades. As vias expressas para os transportes individual e coletivo ultrarrápidos serão a solução para o deslocamento nessa nova estrutura. A relação que os indivíduos elaboram entre essas realidades é mediada pelos não lugares; como definido por Marc Augé, são "espaços constituídos em relação a certos fins (transporte, trânsito, comércio, lazer) e a relação que os indivíduos mantêm com esses espaços".[6] As estações do Metrô constituem não lugares por excelência. Sempre pontos de passagem, espaços não vivenciados.

Os não lugares reais da supermodernidade são essas experiências de mediação de discursos dos indivíduos em pleno deslocamento, convertendo, pelo modo de usar, todo o sistema de objetos em comunicação. Para Augé, o "viajante fica de certo modo dispensado de parar e até mesmo de olhar"[7] os pontos das cidades, bastando ler os comentários nas sinalizações.

---

[6] AUGÉ, Marc. *Não lugares*; introdução a uma antropologia da supermodernidade. Tradução Maria Lúcia Pereira. 4. ed. Campinas: Papirus, 2004. p. 87.
[7] Ibid., p. 89.

O Metrô de São Paulo

A Companhia do Metropolitano de São Paulo – Metrô foi constituída no dia 24 de abril de 1968 e as obras da Linha Norte–Sul, iniciadas oito meses depois. Em 1972, a primeira viagem de trem foi realizada entre as estações Jabaquara e Saúde. Em 1974, o trecho Jabaquara–Vila Mariana começou a operar comercialmente. Hoje, o Metrô de São Paulo é responsável pela operação e expansão do transporte metroviário, sistema de alta capacidade e articulador do transporte público na região metropolitana. Possui 57,6 km de extensão em quatro linhas e 52 estações. As linhas 1-Azul (Jabaquara–Tucuruvi), 2-Verde* (Ana Rosa–Vila Madalena) e 3-Vermelha (Corinthians-Itaquera–Barra Funda) funcionam todos os dias, inclusive aos sábados, domingos e feriados, a partir das 4h40. Já a Linha 5-Lilás (Capão Redondo–Largo Treze) opera de segunda a sexta-feira, exceto feriados, das 5 às 22 horas. O sistema está integrado à Companhia Paulista de Trens Metropolitanos (CPTM) nas estações Brás, Barra Funda, Tatuapé, Corinthians-Itaquera e Santo Amaro, e a outros modais de transporte na cidade de São Paulo. Diariamente, o Metrô transporta, em média, 1,7 milhão de passageiros.[8]

Esse transporte é apontado por especialistas como uns dos melhores do mundo. Sua operação é confiável, rápida e eficiente. Seus usuários demonstram satisfação em usar seus serviços e o fazem diariamente. Reconhecidamente é o meio que menos agride a cidade e seus cidadãos e sempre o apontam como solução aos problemas crônicos de transporte em massa de uma cidade como São Paulo. A opção que a cidade fez a favor dos veículos automotivos trouxe um ônus cujas mazelas atormentam a popu-

---

* O Metrô de São Paulo concluiu em 2006 a expansão de 3,5 km de extensão na Linha 2-Verde. Em 2007 está prevista a conclusão da Linha 4-Amarela, com etapa inicial de 12,8 km de vias entre o pátio de Vila Sônia e a Estação Luz, compreendendo cinco estações: Butantã, Pinheiros, Paulista, República e Luz. (N.E.)

[8] Disponível em: <http://www.metro.sp.gov.br>. Acesso em: out. 2003.

lação todos os dias. A quantidade absurda e irracional de horas humanas desperdiçadas em congestionamentos monstruosos, o desgaste emocional, as toneladas de gases que se acumulam na atmosfera geram estresse e uma gravíssima incidência de doenças respiratórias na população, principalmente entre as crianças; a degradação arquitetônico-urbanística de quilômetros de avenidas e arredores é resultado de uma ação fracassada de privilegiar o transporte individual em carros e o coletivo em ônibus. O Metrô destoa nesse cenário como exemplo positivo de meio de transporte limpo, rápido e que preserva a paisagem urbana.

Entretanto, nem tudo no Metrô possui essa aura de sucesso. É meio de transporte coletivo restrito a um número limitado de usuários, devido, em grande parte, à lentidão de sua expansão. Como comparação, o Metrô da Cidade do México, inaugurado em data próxima ao de São Paulo, é hoje três vezes mais extenso.

Perfil do usuário

O Metrô é um meio de transporte utilizado por pessoas de todas as classes sociais, com predominância daquelas das camadas médias, com renda familiar de 10 salários mínimos e grau de instrução entre o ensino médio completo e superior incompleto. Existe um equilíbrio entre os usuários quanto ao sexo, com leve superioridade numérica dos homens (54%), e igualdade quanto à faixa etária: 50% são jovens até 34 anos. A grande maioria dos seus usuários (84%) recorre ao transporte com frequência maior que três vezes por semana. De acordo com o próprio Metrô, existe a figura do usuário-padrão, embora as três linhas atendam a áreas diferentes entre si.

Programas de Cultura e Arte no Metrô

O Programa Ação Cultural *se caracteriza por ações transitórias de cunho artístico-cultural, cujo objetivo é agregar qualidade ao relacionamento do Metrô com a população.* O programa consiste em atividades culturais que vão desde exposições de arte e temáticas até espetáculos musicais e de artes cênicas com periodicidade indeterminada, seguindo tendência mundial para desenvolver programação cultural no interior de suas dependências.

O *Arte no Metrô* é um projeto consistente e contínuo. A partir de 1978, esculturas, murais e painéis, assinados por artistas plásticos de renome, invadiram a praça e os espaços internos da Estação Sé, compondo um cenário inusitado para os olhos da maioria. A partir de 1988,

> [...] percebendo que as concepções construtivas das estações permitiam a utilização da arte, o Metrô iniciou um programa que objetivava contato mais íntimo com o usuário. Instituiu um processo experimental de aproximação entre o usuário e a obra de arte, com a colocação de obras em alguns espaços disponíveis e momentos especiais.[9]

O projeto consiste basicamente na instalação de obras de arte contemporânea brasileira nas estações. São esculturas, painéis, instalações e pinturas produzidas por artistas plásticos. Essas peças integram-se à arquitetura dos ambientes, colorindo seu trajeto e convidando à contemplação.

A proposta do Metrô é que exista uma valorização da arquitetura com a integração das obras de arte, causando nos transeuntes novas percepções. Pretende com isso, também, uma maneira de se comunicar com o usuário e, a partir desses elementos artísticos, transmitir mensagens educativas que o estimulem a apreciar obras de arte e a respeitar os espaços coletivos que utiliza em seu cotidiano.

---

[9] COMPANHIA DO METROPOLITANO DE SÃO PAULO. Arte no Metrô. São Paulo: Alter Market, 1994. p. 10.

Proposta da instalação de Poesia no Metrô

O projeto Poesia no Metrô foi sugerido pela Companhia de Poesia, em parceria com a União Brasileira de Escritores – UBE, com supervisão do escritor e poeta Carlos Figueiredo e programação visual do artista plástico Antonio Peticov. Em sua concepção original, propunha "incrementar a exposição do texto poético à população brasileira",[10] através da implantação de poemas em estações de Metrô com todos os suportes físicos que se apresentem convenientes para que os usuários possam contemplá-los.

Na fase 1 do projeto, os poemas ficarão expostos nas oito estações da Linha 2-Verde (ramal da avenida Paulista) e nos vagões dos trens que circulam nessa linha. Quanto à sua forma, serão dispostos nos locais por onde os usuários transitam: paredes, colunas, corredores e vãos livres servirão de suporte para o posicionamento dos poemas. Essa fase tem duração inicial prevista de seis meses, em duas edições de três meses cada, com a troca dos poemas entre elas, garantindo o caráter de atração.

Pretende-se expor composições poéticas de Camões, Sá de Miranda, Castelo Branco, Gregório de Matos, Cláudio Manuel da Costa, Gonçalves Dias, Castro Alves, Cruz e Sousa, Alphonsus de Guimaraens, Cesário Verde, Augusto dos Anjos, Fernando Pessoa, Sá-Carneiro, Camilo Pessanha, Manuel Bandeira, Cecília Meireles, Oswald de Andrade, Mário de Andrade, Jorge de Lima, Carlos Drummond de Andrade, João Cabral de Melo Neto, entre outros.

Duas técnicas principais serão utilizadas para a aplicação dos textos, com os recursos da CGA. A primeira delas, para a instalação dos poemas nas paredes e nos vãos – suporte de lona vinílica –, é a do recorte eletrônico de vinil adesivo. Pela visão de Antonio Peticov, é para dar a impressão de que as letras foram esculpidas em baixo-relevo. A segunda técnica é a da impressão

---

[10] FIGUEIREDO, Carlos. *Poesia no Metrô*. Extraído do texto original do projeto.

digital tanto em papel como em vinil adesivo ou lona vinílica. Essas técnicas possibilitam que as peças sejam feitas uma a uma, de acordo com sua especificidade.

O gestor e a Poesia no Metrô

O gestor de processos comunicacionais é aquele profissional preocupado em exercer uma intermediação entre o indivíduo receptor e o local de origem da comunicação, através de uma mediação seja cultural, seja tecnológica, capaz de romper a barreira hegemônica dos meios de comunicação de massa, tornando o receptor crítico e não mais passivo, ao questionar a informação recebida no ato da recepção. De acordo com Barbero, perverter

> [...] o projeto hegemônico que nos faz submergir numa crescente onda de fatalismo tecnológico, e frente ao qual resulta mais necessário do que nunca manter a estratégica tensão epistemológica e política entre as mediações históricas que dotam os meios de sentido e alcance social e o papel de mediadores que eles possam estar desempenhando hoje.[11]

O gestor precisa ser capaz de identificar os campos e locais para intervir e tornar o processo comunicacional equilibrado dentro da inter-relação emissão/recepção. Será, portanto, o mediador, assumindo um papel de elo e nexo entre as partes e entre os interesses diversos, assim como também entre as linguagens existentes no processo.

A comunicação se estabelece em uma via de duplo sentido, adquirindo caráter dialógico, no qual o receptor também é ativo e identificado com o responsável pela atribuição de significados para a comunicação que lhe é dirigida. Por sua vez, ele mesmo se assume como gerador de nova comunicação e significados para o mundo em sua volta.

---

[11] MARTÍN-BARBERO, Jesús. *Dos meios às mediações*. 2. ed. Rio de Janeiro: Editora UFRJ, 2001. p. 12.

O presente trabalho visa a dar roupagem de gestão de comunicação ao projeto Poesia no Metrô. Para que tenha essa característica, é necessário que o gestor se coloque como interlocutor entre os organizadores e os usuários do Metrô, no papel de receptores. É preciso saber as ideias que orientarão a intervenção e, além disso, conhecer o público que tomará contato com elas, e, dessa forma, elaborar diálogos entre as partes. Um lado deve aceitar a existência do outro.

O problema de pesquisa

Pretendeu-se descobrir se o projeto Poesia no Metrô é apropriado ao público ao qual se destina, quanto à sua temática e à sua aparência. O gestor procurou avaliar se o referencial do público é adequado para absorver o tema do projeto e como ele gostaria que o tema fosse exposto. O gestor quer saber se há imposição dos organizadores ou se foi pensado algum tipo de adequação do projeto para o repertório atual do público. Deseja aferir a intenção por parte dos organizadores de elaborar uma ação participativa do público ou se estes a impõem de maneira unidirecional. Quer também conhecer o público com o qual estará lidando e de quais maneiras os resultados da intervenção para os organizadores podem ser otimizados, possibilitando maior retorno às partes.

A realização da pesquisa espelha a mediação desejada pelo gestor: estabelecer o diálogo participativo entre os integrantes do processo e, a partir disso, avaliar, planejar e executar a proposta de intervenção que sirva a esse processo comunicativo.

A pesquisa procurou ouvir o público que seria atingido pela intervenção, no lugar onde esta se daria – nas estações do Metrô –, registrando-se as respostas em gravador portátil. A metodologia usada foi desenvolver e executar pesquisa empírica, com trabalho de campo e exame bibliográfico. As técnicas de coleta de dados utilizadas foram: dados estatísticos sobre o perfil dos usuários do Metrô; uma abordagem de observação indireta associada à técnica de entrevistas qualitativas, do tipo perguntas abertas; e pesquisa bibliográfica. Foram usados dados primários.

As entrevistas aconteceram na saída da estação Vila Madalena, em dois dias e em horários semelhantes, à tarde, após o horário do almoço. Essa estação faz parte da lista das primeiras estações selecionadas a receberem os poemas, na fase 1 do projeto. As abordagens foram aleatórias, aceitando dar entrevistas quem se sentisse disposto a colaborar, e as conversas, todas gravadas. Seguiu-se um roteiro de perguntas para orientação única do pesquisador, do tipo abertas, estimulando, dentro do possível, os entrevistados para que suas respostas fossem expositivas. Para alguns o tema era muito distante da sua realidade, e muitos ficaram surpresos ao perceberem que falávamos de poesia.

Questionário aplicado

A. Perguntas para identificação pessoal do usuário:
  1. Qual seu nome?
  2. Qual sua idade?
  3. Qual o local de seu nascimento?
  4. Pode me dizer seu grau de instrução?
  5. Trabalha atualmente?

B. Perguntas para indicação do nível de utilização do Metrô:
  1. Quantas vezes por semana você anda de Metrô?
  2. Usa outro meio de transporte?

C. Perguntas para avaliação do referencial de poesia dos usuários do Metrô:
  1. O que é poesia para você?
  2. Você se lembra de algum poeta?
  3. Você tem livros de poesia em casa?

D. Perguntas para avaliação da adequação do uso do local:
1. Qual sua opinião caso fossem colocadas poesias espalhadas nos locais por onde você passa no Metrô?
2. Você as leria?
3. Qual outro local indicaria para a colocação de poesias?
4. Como você gostaria que as poesias estivessem dispostas? Na forma escrita ou associadas a imagens?
5. Tem visto alguma atividade cultural no Metrô ultimamente?
6. Qual atividade cultural você gostaria que houvesse no Metrô?

Análise das entrevistas

Quanto ao referencial de poesia registrado nos entrevistados, concluiu-se, com base nas respostas, que a poesia é sempre relacionada com algo positivo, cuja lembrança incita entusiasmo. Identificou-se o conceito original de poesia em alguns dos entrevistados. Para alguns, está relacionada com elevação do espírito, tanto que a confundem com religião, por arrebatar e sensibilizar como a poesia. Outra parte relacionou poesia com sentimentos. Reconheceram-na como envolta numa atmosfera lúdica, carregada de elementos oníricos, representante de um mundo sensível. A poesia expressa os sentimentos. Outros carregaram na visão tecnicista. Para estes, ela é fruto de uma construção da linguagem e resultado de um tipo de discurso, o poético. Há o grupo que vincula a poesia à música e a outras artes, sem associá-la diretamente com o texto escrito.

Dentre aqueles que lembraram nomes de poetas, os mais citados foram Carlos Drummond de Andrade, Fernando Pessoa e Manuel Bandeira, disparado os três mais populares. Uma vez explicada a proposta, praticamente todos responderam que gostariam de ver poesias no Metrô, e de forma muito semelhante, variando apenas o nível de entusiasmo apresentado.

Quanto à apresentação das poesias, a maioria preferiu que estivessem ligadas a alguma forma de imagem. Outros as condicionaram ao ato de ter sua atenção despertada.

Propostas do gestor

Poesia no Metrô fornecerá o acesso a um vasto universo, no qual muitos ainda não tiveram a oportunidade de adentrar. Por tudo o que foi discutido, o projeto articula-se com vários conceitos, trabalha com os limites entre o público e o privado, a arte e o comercial, a imagem e o texto. Muito do projeto está resolvido desde a sua proposição original. No entanto, há algumas posições à espera de melhor solução. O papel do gestor é justamente identificar essas fissuras no corpo do projeto e revelá-las tanto para os organizadores como para os usuários. Uma vez identificados, esses detalhes – sem erros nem problemas – podem ser redimensionados e conduzidos à exatidão.

O projeto lida com um objeto que é sensivelmente percebido como muito positivo por todas as pessoas. Em entrevista, Carlos Figueiredo mencionou a sua preocupação de que muitas pessoas poderiam achar poesia algo chato: "O que acontece não é que as pessoas não gostam de poesia, e sim que as pessoas foram levadas a acreditar, apoiadas nesse peso anti-intelectual, anticultural, machista ou autoritário brasileiro, que a poesia é uma coisa chata, coisa afeminada etc.". No entanto, as pessoas gostam de poesia, mas a presença dela não está relacionada com o seu cotidiano. Poucos afirmaram ter livros de poesia em casa. A grande maioria não soube sequer citar um nome de poeta. E os que citaram ficaram limitados aos nomes dos mais conhecidos. Uma ou outra voz disse que, mesmo assim, lê, pouca, poesia. A sensação é de que as pessoas realmente não têm acesso a esse mundo, apesar de inclinadas a gostar. Há certo antagonismo nessa afirmação: se gostam, por que não trazê-la para seu cotidiano?

O Poesia no Metrô está configurado como a instalação de poemas nas estações. O ato de desfrutar desses poemas fica a cargo dos usuários. No entanto, apesar de estes perceberem poesia como algo bom, a apreciação é ocasional. Essa é uma fratura do projeto: se mantida essa configuração, a apreciação da poesia vai continuar sendo ocasional, antes, durante e após a edição do evento. Isso porque o referencial das pessoas é de baixa densidade, e manter o estímulo torna-se complicado. A solução pode passar pelo acompanhamento de profissionais que monitorassem a apreciação, desempenhando um papel de educadores, e que também indicassem maneiras para que após as apreciações os usuários continuassem a desfrutar por si mesmos os poetas elencados na exposição.

O conjunto dos poemas poderia ser impresso em folhetos e distribuído ao público. Isso complementaria a ação. Pontos de distribuição posicionados estrategicamente nas estações, perto dos poemas, incentivariam as pessoas a retirar seus catálogos, além de estabelecer um contato imediato com o público. A ideia é construir quiosques de pequeno formato, com monitores incentivando as pessoas a retirarem seu exemplar. Tal ação dependeria de um patrocínio que arcasse com os custos, já que há preocupação explícita do organizador em promover uma edição de lançamento simples, respeitando-se um limite racional de custos operacionais.

Os poemas devem ser mais variados quanto a sua origem (de onde), temática (sobre o que trata) e forma (curto, longo, largo, alto). É necessário dar movimento e evitar a repetição, sendo fundamental acrescentar conteúdo imagético ao projeto. Embora as letras grandes, esculpidas nas paredes, abandonem sua origem textual e se transformem em imagens, a inclusão de outras figuras foi solicitada por quase todos os usuários entrevistados, acrescentando cor e movimento aos poemas. Muitos enfatizaram que leriam os poemas somente caso sua atenção fosse sequestrada. Fazer isso, segundo eles, depende da adoção de imagens. Imagens estáticas e em movimento poderiam ser recursos considerados na intervenção.

O projeto Poesia no Metrô mostrou-se uma plataforma prolífera para a discussão de temas e conceitos adjacentes à implantação da exposição nas estações. Tantas são as derivações que se destacam do projeto, que sinalizam para uma evidente riqueza emergente da leitura das outras tantas possibilidades apresentadas pelo projeto em seu núcleo epistemológico. Partindo do pressuposto de que o uso da comunicação gráfico-ambiental com cunho artístico, cultural e educacional vai muito além do seu propagado uso comercial e arquitetural, o gestor de comunicação escolheu a CGA como caminho para revelar outros sentidos a serem explorados pela área. A experiência de incentivar os usuários à leitura através de recursos de imagens técnicas potencializa a obtenção de resultados efetivos, permitindo a aplicação desses recursos em projetos semelhantes, com maior frequência e alcance. Sabemos que somos atingidos por centenas de mensagens diariamente em nosso cotidiano. Mas vale se aproveitar daquelas que refletem o que temos de melhor como seres humanos.

Referências bibliográficas

AUGÉ, Marc. *Não lugares*; introdução a uma antropologia da supermodernidade. Tradução Maria Lúcia Pereira. 4. ed. Campinas: Papirus, 2004.

COMPANHIA DO METROPOLITANO DE SÃO PAULO. *Arte no Metrô*. São Paulo: Alter Market, 1994.

FERRARA, Lucrécia D'Alessio. *Olhar periférico*. São Paulo: Edusp, 1993.

_____. *Leituras sem palavras*. São Paulo: Ática, 2004.

FREIRE, Paulo. *A importância do ato de ler*. São Paulo: Cortez, 1992.

MARTÍN-BARBERO, Jesús. *Dos meios às mediações*. 2. ed. Rio de Janeiro: Editora UFRJ, 2001.

VENTURI, Robert; SCOTT BROWN, Denise. *Aprendendo com Las Vegas*. Tradução Pedro Maia Soares. São Paulo: Cosac & Naify, 2003.

O papel do imaginário na construção da identidade

Consuelo Ivo[*]

> *Los hombres y las mujeres hacen su propia historia y lo primero que hacen es su lenguaje y, en seguida, basados en el lenguaje, sus mitos, y luego sus obras de arte, sus costumbres, leys, maneras de comer, modas, organizaciones políticas, códigos sexuales, deportes, sistemas educativos, todo ello, dice Vico, en flujo perpetuo, todo ello siendo siempre.*
>
> Carlos Fuentes[1]

As Ciências Sociais estabeleceram o campo da Comunicação como o espaço no qual se verifica a construção dos sentidos e dos valores que, na vida cotidiana, estruturam o vivido e aquilo que está por viver. É nesse espaço que se produz a consciência individual e coletiva. Com base nessa premissa, encaminhei meu estudo sobre a cidade de Guarulhos, em São Paulo, visando à possibilidade de nela intervir, para auxiliar na solução da crise de identidade pela qual passa nestes tempos de globalização.

A seguir, passo a relatar o desenvolvimento da pesquisa e do projeto de gestão da comunicação que apresentei ao Arquivo Histórico de Guarulhos, órgão do núcleo do patrimônio cultural do Departamento de Atividades Culturais da Secretaria de Cultura, para a obtenção do título de especialista em Gestão da

---

[*] Jornalista, especialista em Gestão de Processos Comunicacionais, editora executiva da revista *Comunicação & Educação*. E-mail: consuelo.ivo@terra.com.br.
[1] FUENTES, Carlos. *Valiente mundo nuevo*. México: Fondo de Cultura Económica, 1992. p. 32.

Comunicação. Um novo enfoque sobre o imaginário na construção da identidade é a proposta deste trabalho. A partir do resgate da figura dos índios Guaru, este projeto sugere uma articulação de elementos num estudo voltado para a valorização do mito fundador da cidade.

Guarulhos, cidade símbolo

Uma das maiores cidades do estado de São Paulo, com mais de um milhão de habitantes, um dos maiores parques industriais do país, mais de 330 núcleos de favelas e 20% da população abaixo da linha da miséria. Esta é Guarulhos, localizada a 25 km de São Paulo, o retrato do potencial de crescimento econômico que não acompanhou os desafios sociais.

Para os guarulhenses, o título de *Cidade Símbolo*, recebido no quarto centenário de fundação, em 1960, é motivo de piada: "símbolo do abandono", "símbolo da corrupção" e outros qualificativos nada condizentes com a homenagem. Este é um dos inúmeros exemplos que reunimos na pesquisa sobre a cidade de Guarulhos e sua dificuldade histórica de constituir uma identidade. O problema ganhou a atenção do Arquivo Histórico, após ter iniciado suas atividades no final da década de 1990. Um dos propósitos principais era evidenciar a necessidade de constituir uma identidade histórica para o município.

Desde essa época, o esforço tem ocorrido no sentido de construir formas de resgate, preservação e divulgação do Patrimônio Cultural e Histórico-Social. Para seus objetivos, o Arquivo tem utilizado a comunicação como veículo de construção do imaginário local, mas as ações ficaram restritas à edição de uma coletânea de postais da história recente e alguns *banners* de divulgação institucional. O motivo é a falta de verbas, necessidade de institucionalização do órgão e descontinuidade das ações de política cultural da cidade.

O global e o local: os impactos da modernidade

A cidade de Guarulhos é um dos 39 municípios que compõem a Região Metropolitana de São Paulo (RMSP), e ocupa, no estado, o segundo lugar em população, com 1.071.299 habitantes. É a maior cidade não capital do país e o 13º município mais populoso do Brasil.[2] Com a criação da região metropolitana, em 1969, toda circunvizinhança teve sua vida alterada, com mudanças que afetaram a vida de uma população[3] estimada em 16,3 milhões de habitantes, cifra superior à de diversas nações. A RMSP, incluindo Guarulhos, é um dos maiores aglomerados urbanos do mundo e sua área quadrada corresponde a menos de um milésimo da superfície brasileira e a menos de 4% do território do estado.[4] Ainda que pequena em relação ao território brasileiro e estadual, a dimensão da RMSP é muito próxima à de alguns países.

Para Castells,[5] a nova economia global e a sociedade informacional emergente, de fato, apresentam uma forma espacial que se desenvolveu em vários contextos geográficos e sociais, resultando naquilo que se convencionou denominar "megacidades".[6] São aglomerações enormes de seres humanos, segundo classificação da Organização das Nações Unidas (ONU), com mais de dez milhões de pessoas em 1992.

O alto adensamento populacional de Guarulhos é explicado pelo ritmo de crescimento durante o século XX, especialmente na sua segunda metade. Nos últimos cinquenta anos, a cidade cresceu pela migração de pessoas vindas da capital, do interior do estado e de outros estados brasileiros.[7] As atuais características

---
[2] IBGE. Dados preliminares do Censo 2000.
[3] Disponível em: <http:// www.stm.sp.gov.br/rmsp.htm>. Acesso em: 1º maio 2004.
[4] Ibid.
[5] CASTELLS, Manuel. *A sociedade em rede*. 7. ed. São Paulo: Paz e Terra, 2003. p. 467, v. 1.
[6] Ibid., p. 490.
[7] PREFEITURA MUNICIPAL. Plano Diretor de Guarulhos: leitura técnica e comunitária. Secretaria de Planejamento, 2003. (Versão preliminar.) Os desafios da

socioeconômicas da população são, em grande parte, reflexos dos processos migratórios intensos que ocorreram nas décadas recentes. Os maiores contingentes de migrantes de Guarulhos vieram das regiões Sudeste e Nordeste,[8] e apontam um aumento das taxas de crescimento populacional nos bairros periféricos, que crescem em função do aumento da demanda por áreas em que o preço da terra seja mais acessível ou da ocupação irregular.

Ao analisar como a Revolução Francesa transformou súditos em cidadãos, Immanuel Wallerstein mostra como modificou o conceito de cidadania após os Estados tornarem-se teoricamente, e até certo ponto na prática, responsáveis por um grande grupo de pessoas com reivindicações políticas constituídas: "Se existem cidadãos, existirão igualmente não cidadãos".[9]

> [...] Foi o conceito de cidadão que mudou o significado do termo migrante. Uma pessoa que deixa a área rural ou uma cidade pequena e vai para uma cidade grande a 50 quilômetros de distância pode estar passando por uma transformação social tão grande quanto alguém que se muda para uma cidade grande a cinco mil quilômetros de distância.[10]

Dividida entre os que nasceram na cidade e os "forasteiros", Guarulhos obedece à lógica do mercado instaurado pelo neoliberalismo. A exemplo do que ocorre nos grandes centros urbanos mundiais, tem sua população carente estigmatizada, restando-lhe como única saída manter a todo custo uma identificação com a terra natal, sem jamais estabelecer identidade e vínculo afetivo com o lugar onde mora e trabalha.

---

cidade que herdamos. I Conferência das Cidades: Guarulhos Planejando o Futuro, 2003.

[8] ABREU, R. A. et al. *Tendências recentes de expansão metropolitana e intramunicipal*; o papel da migração no caso do Município de Guarulhos-SP. Trabalho apresentado no XIII Encontro Nacional da Abep, Ouro Preto-MG, 4 a 8 nov. 2002.

[9] WALLERSTEIN, Immanuel. *Como concebemos do mundo o fim*; ciência social para o século XXI. Rio de Janeiro: Revan, 2002. p. 144.

[10] Ibid., p. 146.

Aeroporto internacional:
perto dos olhos e longe do coração

A dinâmica de crescimento da cidade industrializada e globalizada introduziu em Guarulhos as vias de transporte necessárias ao desenvolvimento e à distribuição capitalistas, para atender à demanda econômica da capital, instalando em seu território o maior e mais importante aeroporto internacional do país. Com o paradigma da globalização, passou a orientar a política de desenvolvimento do município e vem tentando se afirmar como cidade aeroportuária, bem como manter sua posição de centro de um dos maiores entroncamentos logísticos brasileiros. Em 1985, a inauguração do aeroporto internacional de Cumbica ligou Guarulhos a 202 cidades em 63 países dos cinco continentes, embarcando e desembarcando passageiros de 215 destinos diferentes, dos quais 135 internacionais e 80 nacionais.

Ao caracterizar a situação de supermodernidade, Marc Augè elege três figuras do excesso que afetaram as grandes categorias por meio das quais os homens pensam sua identidade e suas relações recíprocas, sendo que uma delas – a superabundância espacial – se expressa nas mudanças de escala, na multiplicação de referências energéticas e imaginárias e nas espetaculares acelerações dos meios de transporte, resultando em consideráveis modificações físicas, concentrações urbanas, transferências de população e multiplicação, a que chamou de *não lugares*: "[...] são tanto as instalações necessárias à circulação das pessoas e bens (vias expressas, trevos rodoviários, aeroportos) quanto os próprios meios de transporte ou os grandes centros comerciais...".[11]

A presença do aeroporto internacional é absorvida de forma antagônica pelos diversos extratos da população de Guarulhos. Para parte dela não passa de um mito, uma vez que nunca fre-

---

[11] AUGÈ, Marc. *Não lugares*; introdução a uma antropologia da supermodernidade. Campinas: Papirus, 2003. p. 36.

quentou o local nem pode usufruir de seus serviços. Para grupos políticos, o aeroporto suscita calorosos debates em torno de sua ampliação, mesmo que sob a possibilidade de desapropriação de inúmeros bairros para a instalação do terceiro terminal. Bem ao lado do aeroporto, separado apenas por uma cerca-viva, o bairro do Bananal abriga um grande número de famílias pobres cujo destino está diretamente ligado à expansão do aeroporto. Para o viajante que utiliza o aeroporto internacional de Cumbica, essas pessoas estão invisíveis. Ele é portador instantaneamente daquilo que Augè chama de *desidentificação*, afastado pelo seu ambiente do momento das preocupações que o cercavam de véspera. "O espaço do não lugar não cria nem identidade singular, nem relação, mas sim solidão e similitude."[12]

O índio Guaru

No processo de resgate da memória iniciado pelo Arquivo Histórico, foram evidenciadas questões polêmicas sobre os registros dados como históricos, que envolvem a procedência e o etnônimo dos índios aldeados no território onde hoje é a cidade e sobre quem teria sido o fundador. Concorre para o feito o nome de outros jesuítas, além de Manuel de Paiva, referência mais utilizada pela municipalidade nos relatos oficiais, como se pode verificar nos sites da prefeitura,[13] Câmara Municipal e do Governo Estadual, sempre com base nas obras de João Ranali. Apesar de prestigiado na cidade como o primeiro historiador do município, tendo escrito, em 1945, *A história de Guarulhos*, os historiadores locais comentam com reservas suas obras, apontando falhas nas referências bibliográficas, entre outras críticas. João Ranali, delegado aposentado, não mostra incômodo com o descrédito e sua obra *Repaginando a história*,[14] publicada em

---

[12] Ibid., p. 95.
[13] Disponível em: <http://www.guarulhos.sp.gov.br>. Acesso em: 13 abr. 2004.
[14] RANALI, João. *Repaginando a história*. São Paulo: Soge, 2002. 343 p.

2002, por ocasião das comemorações do 442º aniversário de fundação da cidade, reitera a maior parte das informações que reuniu nestes cerca de sessenta anos na lida de historiador local.

Nas pesquisas que tem realizado sobre os indígenas no Planalto Paulista,[15] o historiador Benedito Prezia atribui o feito ao padre Manuel Viegas. As peculiaridades do grupo indígena aldeado em Guarulhos teriam sido responsáveis pela sua rápida extinção, motivo pelo qual seria tão difícil reunir informações que ajudassem a desfazer os equívocos a seu respeito:

> A presença de populações tupis no litoral foi tão acentuada no século XVI que até há pouco tempo a cultura brasileira indígena era sinônimo de tupi, sendo os demais povos e culturas relegados a segundo plano, quando não omitidos. Devido a isso muitos equívocos se cometeram, como foi o esquecimento de grupos numericamente menores, como os maromomi/guarulho.[16]

Para a população, de modo geral, a polêmica não existe. Uma pequena parte dela conhece as origens do município e está acostumada com a história de que a cidade teria sua origem nos índios guarus, representados nos símbolos municipais (brasão, bandeira e hino), ao lado de um português e de um bandeirante. O nome guaru também é emprestado a vários estabelecimentos comerciais da cidade, como restaurantes, jornais, padarias, casas de material de construção, concessionárias, além do grande número de ruas com nomes indígenas.

O problema

No decorrer deste trabalho, foram analisadas questões sobre o processo socio-histórico de Guarulhos que pudessem nos levar a compreender os motivos da ausência de uma identidade local.

---

[15] PREZIA, Benedito. *Os indígenas do Planalto Paulista*; nas crônicas quinhentistas e seiscentistas. São Paulo: Humanitas, 2000. p. 63.
[16] Ibid., p. 11.

A oportunidade de contribuir para a solução da crise de identidade pela qual a cidade passa surgiu das impressões colhidas no exercício de assessoria de imprensa e coordenadoria de comunicação num tradicional centro universitário de Guarulhos. Constatei que havia um sentimento de inferioridade entre os guarulhenses, moradores da cidade ou não. O incômodo reflete-se na ideia de que o município não tem vida própria e, apesar da proximidade com a capital, mantém os ares de acanhamento típico das cidades do interior. O ressentimento da população também é expresso pelas contradições de sua economia, riqueza alardeada e pouco dividida. Outros segmentos da sociedade também já demonstraram que a falta de identidade é um problema que transpassa todos os níveis da cidade.

Uma pesquisa elaborada pela Associação Comercial e Industrial de Guarulhos (ACIG), em parceria com o Serviço de Apoio às Micro e Pequenas Empresas (Sebrae-SP) e a Universidade Guarulhos, em 1998, por ocasião da instalação do Internacional Shopping, primeiro empreendimento na cidade na área de serviços e lazer de grande porte, concluiu que a cidade necessitava voltar-se para o mundo, e as barreiras a serem superadas apontavam em primeiro lugar a cisão da identidade, além de ausência de lideranças locais, falta de iniciativas municipais, desqualificação da mão de obra, precários serviços públicos, baixa qualidade de vida, alto grau de favelização, desemprego, trânsito caótico, necessidades de novas vias de acesso e violência urbana.

Como vimos, a história de Guarulhos tem sido construída por uma população em sua maioria composta de migrantes. Deslocados de sua terra natal, reconstroem suas vidas em meio ao caos da cidade que não os reconhece como cidadãos. São eles importantes atores/receptores invisíveis às pesquisas de mercado. Seus prazeres são tidos como alienação e seu cotidiano é menosprezado, quando poderiam oferecer riquíssimas pistas de suas práticas e preferências de consumo, conforme nos aponta Barbero:

"A cotidianidade que não está inscrita imediata e diretamente na estrutura produtiva é despolitizada e assim considerada irrelevante, insignificante".[17]

É preciso esclarecer que a proposta do tema do índio guaru é apenas um argumento para a constituição da identidade, não a identidade propriamente dita. Em *Tiempo y espacio de la novela*, Carlos Fuentes conta como Giambattista Vico opunha-se aos critérios do racionalismo, em particular à distinção cartesiana das ideias "claras e distintas", objetivas e científicas, como o único caminho para conhecer a verdade. Segundo ele, essas ideias cartesianas existem com independência de seu progresso histórico e de seu contexto cultural e são a base de um conhecimento verificável: "[...] una ciencia de la naturaleza humana liberada, al fin, del mito, la superstición, la fábula y otros cocidos próximos a la hechicería".[18] Segundo Fuentes, para Vico a natureza humana é uma realidade variada, historicamente ligada, eternamente em transformação, móvel, portando, porém, a bagagem das criações culturais da própria história.

Os índios aldeados no território que originou Guarulhos são protagonistas de uma história que ainda está por ser contada. Abre-se com isso uma maravilhosa oportunidade de colaborar para o esforço que se inicia em algumas frentes no país de uma reflexão sobre a forma pela qual o imaginário das populações da cidade ajuda a formar uma visão equivocada e distorcida sobre os grupos indígenas brasileiros e suas representações em nossa sociedade.

Estimula-nos, ainda, que na esfera cultural contemporânea a temática abordada em recentes exposições tem exultado os organizadores com surpreendentes recordes de público em suas mostras, como a ocorrida em 2003 na Pinacoteca do Estado de

---

[17] MARTÍN-BARBERO, Jesús. *Dos meios às mediações*; comunicação, cultura e hegemonia. 2. ed. Rio de Janeiro: UFRJ, 2003. p. 301.
[18] FUENTES, op. cit., p. 30.

São Paulo, quando da apresentação do conjunto pictórico de Albert Eckhout, sendo um dos seis ambientes da Mostra o registro da presença holandesa no Brasil seiscentista. A Mostra também contemplou em seus espaços os retratos dos habitantes do Brasil, "estudados como representações simbólicas da diversidade étnica e trocas multiculturais que se estabeleceram em terras brasileiras"; assinalando, mais, em seu panfleto, "a manifesta esperança de que o evento permitirá uma avaliação, sob nova ótica, desse singular capítulo do período colonial de nosso país, revisando-o, não como pálida lembrança, mas como herança viva que faz refletir sobre o Brasil".[19]

A pesquisa: metodologia

Para situar o problema de pesquisa e estabelecer o vínculo entre o objeto empírico e o objeto teórico dentro do cenário atual dos meios de comunicação de massa, o gestor de comunicação vai apoiar-se naqueles estudos voltados para um melhor entendimento das características culturais de comunidades, com vistas ao desenvolvimento local delas.

Pretende-se, com a análise, confirmar que as indústrias culturais e os multimídias estabelecem uma nova relação estética do homem tanto com a realidade quanto, sobretudo, com as relações do imaginário humano e a cultura. Para muitos guarulhenses, o retorno às origens não vai além do passado remoto, como a chegada de imigrantes europeus na cidade, o que contribui para um apagamento do mito fundador e de todas as questões relacionadas às mestiçagens, como tão bem identificado nos estudos sobre a identidade dos povos latino-americanos.

Partimos do pressuposto de que, a despeito da polêmica sobre os dados históricos da fundação, o índio guaru pode ser elemento

---

[19] PINACOTECA DO ESTADO. *Albert Eckhout volta ao Brasil*; 1644-2003. São Paulo, 2003. 1 Folder.

e referência para a constituição da identidade da população da cidade. Assim é que nossa pesquisa procurou identificar:

1. Existe o índio guaru na memória do cidadão?
2. O que ele significa?

Dentre os objetivos principais da pesquisa realizada, destacamos o interesse em investigar:

1. O índio guaru pode ser elemento e referência para a constituição da identidade da população da cidade?
2. Essa identidade pode ser constituída e estimulada pela comunicação, valorizando seus mitos, sua língua e sua memória?
3. Como se dá a participação da população na construção dessa identidade histórica e simbólica?

À época da realização da presente pesquisa, foram ouvidas 60 pessoas, de ambos os sexos, em áreas públicas do município de Guarulhos. Decidimos realizá-la, como amostra, em áreas frequentadas pela maior parte dos entrevistados, com um universo diversificado de ocupação econômica, níveis escolar, social e cultural. Foram ouvidas pessoas de várias idades, entre elas donas de casa, servidores municipais, ambulantes, estudantes, comerciários, aposentados, prestadores de serviços, policiais militares, entre outros.

Instrumentos

Para averiguar as indagações do problema de pesquisa utilizamos questionário, entrevistas e uma pesquisa bibliográfica. Procedemos à coleta de dados através de questionário, dentre as técnicas de coleta existentes, o qual, constituído de cinco perguntas abertas, foi preenchido pela pesquisadora, uma vez que se aplicou em áreas públicas abertas, em abordagem direta dos pedestres. Nesse contato, também foi possível pôr em prática uma observação indireta, pois a maior parte das pessoas discorreu além das questões apresentadas, oferecendo um universo rico de percepções de seu imaginário. Pudemos, assim, levantar tanto dados quantitativos como qualitativos.

Pesquisa de campo

Modelo do questionário

1. Você tem orgulho de descender do índio guaru? Ou possivelmente de outra nação indígena brasileira?
2. Por quê?
3. O que você sabe sobre ele?
4. O que ele tem de bom para a cidade ou para você?
5. O que há de ruim?

Pergunta 1. Você tem orgulho de descender do índio guaru? Ou possivelmente de outra nação indígena brasileira?

Dos 60 entrevistados, 54 pessoas alegaram que sentiriam orgulho de descender do índio guaru ou de qualquer outra nação indígena.

Pergunta 2. Por quê? (Motivos de a pessoa sentir orgulho.)

Reunimos em quatro grupos as respostas referentes aos motivos alegados para *sentir orgulho* de descender dos guaru ou de qualquer outra nação indígena brasileira: *origem, cultura, qualidades e desinteresse*. Dos 60 entrevistados, 27 pessoas deram respostas diretamente ligadas às *origens* dos indígenas, por serem eles os primeiros habitantes do país. Outras respostas relacionadas a esse grupo lembraram a condição humana e a igualdade, sendo três delas diretamente voltadas à descendência do entrevistado. A *cultura* dos indígenas foi alegada por oito entrevistados como motivo de orgulho. Fizeram referência, ainda, a trabalho, artesanato, cultura, sociedade saudável e à prática do naturalismo, além do cuidado com a natureza. As *qualidades* dos indígenas foram lembradas por 12 dos 60 entrevistados. Nesse grupo reunimos respostas sobre a coragem, a capacidade de defesa perante os brancos, a noção de que são pessoas lutadoras, honestas, e de importarem-se com seus feitos. Também foram citados por integrarem uma sociedade superior, por sua união, simplicidade e pelo caráter pacífico de sua gente.

Pergunta 3. O que você sabe sobre ele (ou sobre os índios)?

Agrupamos seis grupos de categoria de respostas sobre o conhecimento dos entrevistados sobre os índios: *cultura, informações escolares/estereótipos, valores, colonização/conflitos atuais* e *aculturamento*. Os elementos da *cultura* indígena foram os mais lembrados por 24 das 60 pessoas entrevistadas. Comentaram sobre a cultura de forma genérica, o artesanato, as técnicas próprias para viver/cuidar da natureza ou a sobrevivência através da pesca/caça, bem como sobre a utilização de plantas e ervas medicinais para os cuidados com a saúde. A alimentação natural também foi falada.

Quanto às respostas reunidas sob a categoria *escolares/ estereótipos*, 15 entrevistados identificaram nessa categoria os conhecimentos que têm sobre os indígenas em informações básicas da escola; outros lembraram a vida em meio à natureza. Aqui pudemos encontrar uma resposta referente ao índio guaru, como sendo "feio, gordinho e barrigudo". Uma pessoa citou a beleza da cor da pele, e surgiram respostas também sobre a inocência e "limpeza mental". Um outro grupo de respostas obtidas com relação ao conhecimento das pessoas sobre os indígenas é aquele em que foram reunidos adjetivos relativos aos *valores* dos indígenas, nove entre 60 respostas. Cinco pessoas disseram que sabiam que eles defendem suas terras e que são corajosos, unidos e que trabalham para o bem comum. Além disso, foi dito que os índios são rigorosos e honestos, e pessoas como qualquer outra. Outros oito ofereceram respostas que organizamos no grupo *colonização/conflitos atuais*: revelaram que reconhecem ser os índios os primeiros habitantes e ter colaborado para a formação do país. Nesse grupo disseram estar cientes dos massacres e da luta pelas suas terras, e ainda aludiram a agressividade e o sofrimento causados pela colonização. No grupo denominado *aculturamento*, englobamos as respostas de quem afirmou que os índios estão perdendo sua cultura, tornando-se modernos e tecnológicos.

Pergunta 4. O que ele tem de bom para a cidade ou para você?

Juntamos em quatro categorias as respostas sobre o conhecimento dos entrevistados a respeito dos índios: *cultura/organização social*, *valores*, *domínio do meio ambiente* e *nenhuma contribuição*. Nas declarações sobre *valores*, juntaram-se 25 das 60 respostas. As contribuições possíveis são referentes à união/paz, respeito/caráter/honestidade, liberdade, simplicidade, igualdade, inteligência, o saber o que se quer e o respeito pelo branco. No grupo *cultura/organização social* situaram-se 17 das respostas. Foram citadas como contribuições possíveis o sentido de comunidade, a cultura, a arte de sobreviver/autonomia e as armas. Novamente, as questões ligadas à natureza surgem para a formação de um grupo, denominado aqui *domínio do meio ambiente*. Houve 14 indicações sobre o cuidado com a natureza/preservação e três respostas sobre a utilização da medicina alternativa. Dos 60 entrevistados na pesquisa, apenas quatro disseram que o índio não teria *nenhuma contribuição* a dar.

Pergunta 5. O que há de ruim?

Formamos cinco grupos de categoria de respostas para verificar os traços negativos que foram citados pelos entrevistados com respeito aos índios: *agressividade/vícios*, *cultura*, *o atraso* e *nada de ruim*. No grupo *agressividade/vícios*, seis pessoas mencionaram a violência como um traço negativo dos indígenas, destacando que a maior parte deles identificou esses traços em função do episódio dos índios cintas-largas da reserva Roosevelt, em Rondônia, e a morte de garimpeiros, amplamente divulgada pelos meios de comunicação, sendo a televisão referida como a maior fonte das informações. Apenas uma pessoa fez alusão à assimilação de vícios dos brancos, como as bebidas alcoólicas. No grupo reunido na categoria *cultura*, os traços negativos foram reconhecidos em seis repostas, relacionadas com o infanticídio, a cultura propriamente dita, as interferências estéticas no corpo (furações), o aculturamento, a preguiça e a falta de uma religião. O *atraso cultural* foi lembrado por três entrevistados, exemplificado em duas respostas sobre a ignorância e a não evolução e uma sobre a falta de acesso à tecnologia. Na categoria *sociabilidade*, três pessoas apontaram o egoísmo e a sisudez e uma descreveu os índios como generalistas quanto ao "racismo" de que são vítimas. A maioria das respostas da amostra concentrou-se no item *nada contra*, totalizando 40.

Análise de dados

Pudemos confirmar pela aplicação do questionário que há identificação da população com o índio guaru ou de outra nação indígena. A maior parte afirmou ter orgulho de descender dos índios guaru ou de outra nação indígena brasileira. Os motivos alegados para essa afirmação foram reunidos em três grupos de respostas predominantes e nesta ordem: a *origem*, a *cultura* e as *qualidades*. O que a população sabe sobre o índio guaru ou de outra nação não é específico. As generalizações resultaram em cinco grupos com as impressões mais comuns: *cultura, informações escolares/estereótipos, valores, colonização/conflitos atuais* e *aculturamento*. Houve uma grande parte de respostas positivas sobre a contribuição que o índio poderia trazer para o pesquisado ou a cidade. Formaram três grupos de respostas mais comuns: *valores/qualidades*, *cultura/organização social* e *domínio do meio ambiente*. Quanto à contribuição que o índio pode oferecer de positivo a uma cidade ou para alguém, comparada ao que ele teria de negativo, verifica-se um considerável número de respostas positivas sobre os *valores* indígenas.

A identidade construída de realidades diferentes

A pesquisa confirmou o pressuposto deste trabalho, isto é, de que se pode constituir uma identidade para os guarulhenses utilizando o imaginário de sua população sobre o índio guaru. Mais da metade das pessoas na amostra declarou que sentiria orgulho se descendesse do índio guaru ou de outra nação indígena. A maioria justificou, para tanto, as origens e a noção de serem os indígenas os primeiros habitantes do país. Apesar do pouco conhecimento que a população tem sobre o índio guaru, o que se sabe pode ser atribuído a qualquer indígena, como tem sido relatado em outras pesquisas sobre o imaginário das populações. As atribuições são na maior parte positivas e concentram-se especialmente em valores como união, cuidados com a natureza e o meio ambiente, coragem e sentido de comunidade. A amostra demonstrou também que, apesar do conhecimento genérico, há conciência sobre os problemas que afetam as populações indígenas na atualidade, como os conflitos em suas terras, causando a concepção do surgimento de uma agressividade motivada e não espontânea. O estranhamento pode ser justificado por conflitar diretamente com a ideia de uma sociedade unida e pacífica, um dos valores mais lembrados pela amostra na pergunta 4.

Impressões colhidas durante a pesquisa: indícios e sinais

O gestor de processos comunicacionais deve iniciar seu trabalho de intervenção configurando, teórica e empiricamente, seu objeto de interesse como um problema a ser desvendado.

Citando Carlos Ginzburg, Cristina Costa lembra como devemos estar sempre atentos aos sinais que surjam, porventura, em nosso campo de interesse e de visão, "ainda que tais sinais sejam infinitesimais".[20] Colhemos muitas impressões exteriores aos instrumentos de pesquisa previstos na metodologia deste trabalho. Era visível a mudança do estado de ânimo das pessoas, tanto das que participaram da amostra como das responsáveis por repartições públicas. A princípio aborrecidas com a abordagem, tornavam-se imediatamente colaborativas após ser mencionado o objeto da pesquisa: o índio guaru. Não raro, discursavam além do solicitado, ocorrendo demonstrações de carinho, emoção e vivo interesse pela história do índio guaru, caso a pesquisadora se dispusesse a falar mais.

O projeto

A despeito dos problemas verificados pela ausência de institucionalização e de uma política de cultura, o destino do Arquivo Histórico de Guarulhos não é privilégio local, mas um impasse a que muitas cidades brasileiras chegaram. Nossa proposta de intervenção no Arquivo Histórico é dirigida nesse sentido.

Para Alves,[21] é dever do gestor reconhecer que a constituição de políticas de comunicação e cultura, em âmbitos local e regional, nos espaços público e privado, deve superar em muito os modos burocrático, negociante, patrimonialista e encantado, que permeiam os projetos denominados de política cultural/comunicacional. Seu papel é checar e questionar os instrumentos metodológicos que, no interior das práticas políticas de comunicação e cultura, são tidos como indispensáveis para conectar projetos e

---

[20] COSTA, Maria Cristina Castilho. Planejando os projetos de comunicação. In: BACCEGA, Maria Aparecida (org.). *Gestão de processos comunicacionais*. São Paulo: Atlas, 2002. p. 172.
[21] ALVES, Luiz Roberto. Política de formação e formação de política de gestores para a comunicação e a cultura. In: BACCEGA (org.), op. cit., p. 138.

ações, convivência espaço-temporal, movimentos culturais entre indivíduos, grupo e massa.

> As mediações, as articulações culturais, foram um mapa noturno que serviu para questionar as mesmas coisas – dominação, produção e trabalho –, mas a partir do outro lado: as brechas, o consumo e o prazer.[22]

Para o gestor de processos comunicacionais, ter clara a dimensão cultural nos modos de vida é promover, segundo Alves, mediações capazes de enriquecer os lugares da invenção, da integração política, da memória produtiva da rede de sentidos e prática de cidadania. O cotidiano é o universo da desatenção, do efêmero, das rotinas e da pressa, e constitui o espaço ideal para o controle social. Aí se pode observar o papel dos meios de comunicação de massa. Porém, dada sua condição de centro da práxis, o cotidiano é, ao mesmo tempo, o lugar das mudanças, onde primeiro se podem empreender os novos significados e os percursos prováveis no caminho da ratificação e/ou retificação da ideologia dominante, o que exige a reflexão crítica do gestor dos processos comunicacionais. Para tanto, enfatizam-se a valorização e a preservação da identidade cultural do lugar, contemporânea e passada, enquanto contribuição para o incremento da autoestima e a melhoria da qualidade de vida local ao mesmo tempo que convida a abrir-se para a diversidade e o dinamismo da humanidade e encontrar novos caminhos para o diálogo entre diferentes modos de ser, viver e pensar, amparados na experiência estética proporcionada pelos meios de comunicação de massa.

Com a pesquisa, pudemos verificar que, apesar do congelamento histórico a que foram submetidos os povos indígenas, o que ficou no imaginário nacional é superadamente mais valorativo e suas qualidades e defeitos muito mais condizentes com a realidade das classes menos favorecidas. O gestor deve estar preparado para não se deixar enganar pelo erro fácil da retifica-

---

[22] Ibid., p. 139.

ção da hegemonia na assimilação apressada de uma concepção ideológica que por um longo tempo manteve a questão indígena presa a um pensamento populista e romântico, que identificou o índio com esse ideário, e este, por sua vez, com o primitivo. É disso que nos fala Barbero:

> Pensar o indígena na América Latina não é propor somente a questão dos 28 milhões de índios agrupados em cerca de 400 etnias; é propor também a questão dos povos profundos, que atravessa e complexifica, mesmo nos países que não têm populações indígenas, o sentido político e cultural do popular.[23]

Vislumbramos, assim, uma comunicação que ofereça uma projeção para o Arquivo, além daqueles projetos desenvolvidos pela Secretaria de Cultura, à qual se vincula. Sugerimos quatro frentes de atuação para o estabelecimento de uma proposta de atuação de incentivo à construção de uma identidade para o município:

1. *Área de comunicação do Arquivo Histórico*

A atuação nessa área deve ser processual, contínua, aberta, não burocrática e não instrumental. Sugere-se manter um diálogo permanente com a cidade, em seus diversos setores: comunidades, órgãos públicos e setor privado (indústria e comércio e prestação de serviços). A construção de parcerias é hoje uma realidade na vida das grandes cidades e pode ser alcançada privilegiando o espaço público determinado pela necessidade da população em primeiro lugar.

2. *Identidade*

O tema do índio guaru, estabelecido positivamente como argumento para a constituição da identidade, oferece um rico contexto de abordagens. A divulgação de informações, especialmente aquela que aceita haver uma polêmica em torno dos

---

[23] MARTÍN-BARBERO, op. cit., p. 272.

dados históricos de sua origem, pode ocorrer de forma lúdica, educacional e artística, de modo a erigir pontes para a investigação de outros temas secundários, mas igualmente importantes na construção da identidade da cidade.

3. Formalização dos instrumentos de trabalho

O estudo realizado pode ser um laboratório para a elaboração de uma pesquisa mais ampla na sociedade, envolvendo todos os seus segmentos. Seria de grande recurso a criação de um grupo de discussão paralelo para, desse modo, garantir que a identificação das falas nos discursos possa ser descoberta no universo da pesquisa quantitativa. Assim é que poderemos definir a utilização das inúmeras possibilidades de comunicação para o diálogo contínuo com a comunidade e seus diversos públicos. A atuação deve contemplar os relacionamentos mediados pelos veículos de comunicação (jornal, revista e internet) e pelas relações primárias (comunidade e setor privado), com a criação de publicações específicas como jornal, *folder* e um catálogo institucional.

4. Atuação na área da cultura

É na cultura que o imaginário, por meio do lazer, pode ser estimulado. A ação, envolvimento, diálogo, emoção podem ser estabelecidos na Secretaria de Cultura, nos projetos realizados e patrocinados pelo fundo de cultura municipal para os diversos grupos de artes cênicas e visuais, música, literatura e cultura popular, que atraem públicos variados a preços populares. Nesses grupos, é possível catalisar as discussões políticas e ideológicas para a constituição de uma identidade construída *na* e *pela* comunidade.

Referências bibliográficas

ABREU, R. A. et al. *Tendências recentes de expansão metropolitana e intramunicipal*; o papel da migração no caso do Município de Guarulhos-SP. Trabalho apresentado no XIII Encontro Nacional da Abep, Ouro Preto-MG, 4 a 8 nov. 2002.

AUGÈ, Marc. *Não lugares*; introdução a uma antropologia da supermodernidade. Campinas: Papirus, 2003.

CASTELLS, Manuel. *A sociedade em rede*. 7. ed. São Paulo: Paz e Terra, 2003. v. 1.

COSTA, Maria Cristina Castilho. Planejando os projetos de comunicação. In: BACCEGA, Maria Aparecida (org.). *Gestão de processos comunicacionais*. São Paulo: Atlas, 2002.

FUENTES, Carlos. *Valiente mundo nuevo*. México: Fondo de Cultura Económica, 1992.

MARTÍN-BARBERO, Jesús. *Dos meios às mediações*; comunicação, cultura e hegemonia. 2. ed. Rio de Janeiro: UFRJ, 2003.

PINACOTECA DO ESTADO. *Albert Eckhout volta ao Brasil*; 1644-2003. São Paulo, 2003. 1 Folder.

PREFEITURA MUNICIPAL. Plano Diretor de Guarulhos; leitura técnica e comunitária. Secretaria de Planejamento, 2003. (Versão preliminar.) Os desafios da cidade que herdamos. *I Conferência das Cidades: Guarulhos Planejando o Futuro*, 2003.

PREZIA, Benedito. *Os indígenas do Planalto Paulista*; nas crônicas quinhentistas e seiscentistas. São Paulo: Humanitas, 2000.

RANALI, João. *Repaginando a história*. São Paulo: Soge, 2002.

WALLERSTEIN, Immanuel. *Como concebemos do mundo o fim*; ciência social para o século XXI. Rio de Janeiro: Revan, 2002.

Os CEUs da Prefeitura de São Paulo: comunicação no espaço de inclusão social

Cristiane Hyppolito[*]

Os Centros Educacionais Unificados (CEUs) da Prefeitura de São Paulo, administrados pela Secretaria Municipal de Educação, são equipamentos públicos que oferecem espaços para o desenvolvimento de atividades esportivas, de lazer, entretenimento e cultura – tudo isso em um ambiente educacional.

Resultam de uma proposta político-pedagógica estabelecida no fortalecimento da escola pública, articulada ao desenvolvimento comunitário. Porém, a comunicação entre os CEUs e as comunidades do seu entorno não é eficiente, assim como não existem processos de comunicação interna sistematizados. Tal problema é o tema de nossa pesquisa, desenvolvida no curso de Gestão da Comunicação da Escola de Comunicações e Artes da Universidade de São Paulo. Procuramos analisar o impacto e as mudanças ocorridos com a introdução desse equipamento em áreas periféricas da cidade, a adaptação e integração da comunidade do entorno e a capacidade de o projeto de Gestão em Comunicação estabelecer um canal de comunicação entre suas várias instâncias. Buscamos embasamento em outras experiências de utilização de espaços públicos de educação e nas teorias acerca do tema produzidas por educadores e pesquisadores para, a partir daí, proporoms um projeto de intervenção que contemplasse as diferenças entre os núcleos sociais, seus códigos e suas demandas locais.

---

[*] Publicitária, especialista em Gestão da Comunicação. Assessora no setor de Projetos Especiais da Secretaria Municipal de Educação de São Paulo. E-mail: chyppolito@uol.com.br.

Concepção

Nos anos 1950, Anísio Teixeira[1] dizia que a escola deveria ser pública, laica e obrigatória. Além de em tempo integral para professores e alunos, ela tinha de ser também municipalizada, para atender aos interesses de cada comunidade. Nessa época idealizou em Salvador, Bahia, o Centro Educacional Carneiro Ribeiro, mais conhecido como Escola Parque,[2] que, com outros projetos da mesma natureza, inspiraram a retomada de uma proposta de espaço educativo global para a população mais pobre. Assim, a prefeita Marta Suplicy, em sua gestão (2001-2004), criou os Centros Educacionais Unificados, sendo inaugurada a primeira unidade, CEU Jambeiro, na Zona Leste, no dia 1º de agosto de 2003, e instaladas mais 20 unidades até o final de 2004, todas localizadas em áreas de periferia e com baixo Índice de Desenvolvimento Humano (IDH).[3]

Construídos em terrenos com 13.000 m², em média, os CEUs abrigam o Bloco Cultural, constituído de teatro/cinema, biblioteca, salas multiuso e telecentro (salas com computadores conectados à internet para uso da comunidade); o Bloco Esportivo, com quadras, pista de skate e piscinas; e o Bloco Didático, composto de um Centro de Educação Infantil (CEI), uma Escola Municipal de Educação Infantil (EMEI) e uma Escola Municipal de Ensino Fundamental (EMEF), que também oferece Ensino para Jovens e Adultos (EJA).

Em 2007 a administração do prefeito Gilberto Kassab colocou em funcionamento quatro novos CEUs e outros estão em construção para serem entregues até o final de 2008.

---

[1] TEIXEIRA, Anísio. *Educação não é privilégio*. São Paulo: Companhia Editora Nacional, 1971.
[2] Para saber mais sobre Escola Parque, ver: ÉBOLI, Terezinha. *Uma experiência de educação integrada*; Centro Educacional Carneiro Ribeiro. Rio de Janeiro: Gryphus, 2000.
[3] O Índice de Desenvolvimento Humano é uma medida comparativa de fatores que utiliza como critérios indicadores de educação, longevidade e renda, para os diversos países do mundo. É uma maneira padronizada de avaliação e medida do bem-estar de uma população, especialmente do bem-estar infantil.

Cenário urbano

A cidade de São Paulo é o retrato da desigualdade social. O maior centro econômico do país é cercado por bairros que não oferecem condições básicas de infraestrutura, nem disponibilidade de equipamentos públicos, segurança, educação e saúde aos seus habitantes. Essa heterogeneidade, disposta geograficamente, gera o fenômeno chamado de segregação espacial, em que a diferenciação entre os bairros periféricos e a região central determina a manutenção dos índices de marginalidade social e a desintegração comunitária.

A integração social no espaço público tende a minimizar a segregação do espaço urbano, fortalecendo a construção da cidadania. Tratar os processos de comunicação numa dimensão horizontal, que contemple a diversidade cultural e étnica, pode propiciar a apropriação dos CEUs e das atividades nele oferecidas. Nesse sentido, as ações desenvolvidas devem ser construídas balizadas pelo conhecimento acumulado na experiência vivida por essas comunidades, acrescidas dos conhecimentos teóricos dos educadores, provocando a interlocução das diferentes culturas.

Recorremos a Jesús Martín-Barbero[4] para afirmar que a elaboração da cultura popular acontece durante o processo de recepção, reconhecimento e apropriação. As competências culturais são as mediações que devemos considerar; desse modo, a comunicação pode ser o meio e, também, o efeito para o desenvolvimento dos cidadãos. A ênfase na informação local, a democratização do acesso aos meios de comunicação, a valorização da comunidade e o uso das novas tecnologias podem trazer resultados efetivos dentro de um processo colaborativo.

---

[4] MARTÍN-BARBERO, Jesús. *De los medios a las mediaciones*; comunicación, cultura y hegemonía. México: Editorial Gustavo Gili, 1987. [Ed. bras.: *Dos meios às mediações*; comunicação, cultura e hegemonia. 2. ed. Rio de Janeiro: Editora UFRJ, 2001.]

Universo da pesquisa

A pesquisa realizada teve como objetivo geral fazer um levantamento – com a população usuária, a equipe gestora e os funcionários dos CEUs – de sua percepção e avaliação sobre a experiência socioeconômica lá desenvolvida. Vale ressaltar que, no processo de reconstrução empírica da realidade, é necessário proceder à ruptura epistemológica entre o objeto científico e o objeto teórico.

Como afirma Lopes, "o importante não é o que se vê, mas o que se vê com método, pois o investigador pode ver muito e identificar pouco e pode ver apenas o que confirma suas concepções".[5] Para tanto, adotamos um método científico de pesquisa de campo baseado na análise de documentos disponíveis, entrevistas em profundidade e análise da comunicação, o que nos permitiu conhecer a realidade dos CEUs e balizar o projeto de intervenção proposto.

Ademais, procuramos conhecer a cultura das comunidades usuárias em sua diversidade, referendada pelos significados de seu universo específico e não balizada por conceitos externos, mantendo – tanto quanto possível – um olhar sem valores preconcebidos.

Unidades selecionadas

No presente trabalho adotamos como parâmetros para estudo três unidades:

- CEU Butantã – Situado no extremo oeste de São Paulo, com quase 350 mil habitantes, tornam-se evidentes as diferenças sociais que habitam o entorno: de um lado, as favelas Dona Amélia e do Sapé; do outro, o Caxingui, os novos residenciais

---

[5] LOPES, Maria Immacolata Vassallo de. *Pesquisa em comunicação*. 8. ed. São Paulo: Loyola, 2005. p. 143.

do Jardim Bonfiglioli e, um pouco mais distante, as mansões do Jardim Guedala e do Morumbi.

- CEU São Mateus – a região, que possui cerca de 382 mil habitantes, está numa área de invasão, mais tarde adquirida pela prefeitura – na gestão de Luíza Erundina – e distribuída à população carente para que ali fizesse conjuntos habitacionais em regime de mutirão. Fazem parte dessa área o Jardim Conquista, Parque da Boa Esperança e Jardim Augusta Helena.

- CEU Meninos – localizado na divisa da cidade de São Paulo com São Caetano do Sul, a portaria principal está voltada para o lado em que existem prédios e casas de classe média. Na parte posterior do CEU está a favela de Heliópolis, porém não existe uma entrada nesse lado, o que faz com que os moradores tenham de andar muito para acessar o equipamento. O complexo Heliópolis/São João Clímaco possui 1 milhão de m², com uma população de cerca de 120 mil habitantes. É considerada a maior favela de São Paulo e a segunda maior do Brasil e da América Latina.[6]

Entrevistas

Seleção intencional

No primeiro grupo foram escolhidas personalidades relacionadas à concepção e ao desenvolvimento do projeto, que possuíam conhecimento específico do assunto tratado: Fernando de Almeida, secretário municipal de Educação na época da concepção e implantação dos CEUs, e Vilu Salvattore, assessora técnica da Secretaria Municipal de Educação (SME), especialista em participação comunitária.

---

[6] Disponível em: <http://www.unas.org.br/quem_somos.html>. Acesso em: 20 maio 2007.

No segundo grupo, entrevistamos os coordenadores de núcleo de ação cultural das três unidades de referência, tratando dos seguintes assuntos: divulgação dos eventos e atividades, informações gerais, eventos e projetos locais, recursos materiais e comunicação com a SME, coordenadorias e escolas do entorno. Para registrar a visão da equipe gestora, participamos – como ouvintes – de duas reuniões (dinâmicas de grupo), ocorridas na SME com os gestores de todos os CEUs, nas quais se enfocaram temas administrativos, de concepção e uso do espaço, do papel do gestor no CEU, do relacionamento com as Unidades Escolares e de participação da comunidade.

Seleção por disponibilidade

Com relação à população usuária, realizamos uma visita em cada uma das três unidades, sempre aos finais de semana, quando procuramos ouvir as pessoas que estavam participando de alguma atividade e as convidamos para gravar uma entrevista. Essas entrevistas foram semidirigidas, seguindo um roteiro construído de forma empírica com base na referência teórica e no estudo documental preparado previamente.

Análise da comunicação

A comunicação nos CEUs é complexa, envolvendo vários níveis no seu âmbito interno e externo. Não existe na estrutura da SME uma área de comunicação organizada. Os vários setores que, de alguma forma, atuam no campo da Comunicação não estão nem sequer ligados entre si e não apresentam unificação nos trabalhos desenvolvidos. Os CEUs também não dispõem de departamento de comunicação.

Proposta de intervenção

Entendemos que é imperativa a construção de processos de comunicação internos e externos e propomos um projeto amparado pelo gestor de comunicação, que deverá conceber e contextualizar o problema, projetando uma forma de intervenção em termos comunicacionais.

Retornemos, então, ao problema: a comunicação entre o CEU e as comunidades do seu entorno não é eficiente, assim como não existem processos de comunicação interna sistematizados. Podemos afirmar, no entanto, que as possibilidades e meios para a intervenção são férteis e, seguramente, poderão atingir seu objetivo principal: maximizar a utilização dos equipamentos, trazendo para o interior dos CEUs a população do entorno, para que dele façam uso e se apropriem de maneira a dar ao projeto o verdadeiro sentido de inclusão social.

Concluímos, ao analisar os dados de nossa pesquisa, que alguns fatores devem ser problematizados por se tratar de premissas a ser consideradas em nosso projeto de intervenção. O primeiro deles se refere ao público que visamos atingir.

O que chamamos de comunidade do entorno não diz respeito a um grupo determinado e organizado, mas aos cidadãos que habitam aquela região, com áreas de interesse e/ou necessidades em comum, seja pela sua localização geográfica, seja por suas demandas sociais. Devemos, ainda, estender nosso foco àqueles que não são usuários. Torná-los usuários ou, pelo menos, sabedores dos processos em andamento nas unidades é parte importante do projeto que ora propomos.

Outro fator é o impacto físico que a enorme construção dos CEUs constitui nos locais onde foram instalados. A arquitetura, a programação e os equipamentos representaram uma mudança física e conceitual. Percebemos que muitas pessoas, acostumadas à exclusão, evitam a integração, ou pior, nem sabem que têm direito àqueles equipamentos lá dispostos. Se hoje esse distanciamento não é raro nos 21 CEUs existentes, é imprescindível que o projeto de intervenção contemple mecanismos de divulgação em locais onde serão instaladas novas unidades, para que, quando de sua abertura, já se tenha iniciado o processo de integração com a comunidade.

O terceiro fator que destacamos é acerca da linguagem. Para assegurarmos uma comunicação eficiente devemos considerar a universalização de sua forma por meio de uma linguagem simples, de fácil entendimento e compreensão. Precisamos acrescentar, ainda, as peculiaridades de cada região, o perfil de seus moradores e as necessidades mais prementes encontradas nesses locais.

Por fim, entendemos que os processos comunicativos dos CEUs não podem estar sustentados no paradigma hegemônico, no qual o processo de comunicação se reduz à transmissão de informação. Pretendemos construir um projeto de intervenção plural, que contemple os diferentes modos de produção, apropriação e decodificação cultural, no uso social da comunicação.

Os desafios e dificuldades são de toda ordem. Perpassam as condições de vida fincadas na desigualdade social, nos valores culturais, nos interesses públicos etc. Mas experiências concretas de participação popular na comunicação comunitária, que, aliás, pode usar também os meios massivos, demonstram sua importância no processo de conquista da cidadania, ajudando o homem a tornar-se sujeito.[7]

Projeto

Procuramos desenvolver o projeto de intervenção levando em consideração o cenário global e as especificidades de cada CEU.

---

[7] PERUZZO, Cicília Krohling. *Comunicação e culturas populares*. São Paulo: Intercom, 1995. p. 159.

A seguir, as etapas elaborativas e como pode se dar o processo de execução.

Radiografia

Detalhar dois quadros de características que nos deem a real imagem do projeto. No primeiro quadro, devemos assinalar as características comuns a todas as unidades instaladas e em instalação. Equipamentos disponíveis, atividades, níveis de ocupação, necessidades estruturais, relacionamento com usuários, demandas técnicas etc. No segundo, informações específicas de cada região. Perfil de moradores, potenciais usuários, usuários efetivos, produção cultural – se há e qual é –, códigos de convivência, grau de periculosidade do entorno, existência de tráfico etc.

Condução do processo

Envolver a comunidade em todas as fases do processo estimula o sentimento de propriedade e confere maior possibilidade de êxito à sua implementação. Nessa visão, a criação de grupos de ressonância como forma de aferir a correção da coleta de dados e, num segundo momento, medir o grau de satisfação e de envolvimento dos usuários é forma providencial de comprovar resultados e corrigir falhas de concepção e execução. O trabalho deverá ser desenvolvido e coordenado pelo gestor de comunicação, contando com uma equipe de colaboradores que participarão tanto da concepção como da instalação do projeto.

Divulgação

Detectar as redes de comunicação informais, reforçar a divulgação oral, trabalhar não somente com as lideranças instituídas, mas com a dona de casa, os comerciantes, e fortalecer as relações com as Unidades Escolares para que os alunos sejam transmissores das informações. Identificar pontos de concentração social como bares, clubes, agremiações, espaços religiosos e posto de saúde, que possam ser usados como centros de distribuição de material de divulgação. Usar meios formais de divulgação como rádio e imprensa escrita de boa penetração nas regiões onde estão inseridas as unidades. O processo de exposição deve ser amplamente divulgado a todos os funcionários, inclusive aos voluntários e prestadores de serviços que atuam nas áreas de limpeza, vigilância, monitoramento aquático, e técnicos de som e iluminação do teatro. Transformar o usuário no mais representativo elemento difusor das atividades, seja como multiplicador, seja como produtor de material usado para este fim.

Programação das atividades

Deve haver a disseminação de novas linguagens, de novos conteúdos, mas não necessariamente trabalhar com programação global; deve-se, também, aprofundar os temas que já despertam o interesse em cada região, preocupando-se com a especificidade daquela população.

Fazer levantamento das atividades culturais que já existem, sempre com a participação de membros da comunidade, que poderiam ser levadas para o CEU e, no segundo momento, realizar o intercâmbio dessas atividades entre as unidades. Não só atividades culturais, mas também todas as experiências ocorridas em uma unidade podem ser conhecidas e aproveitadas, ou compartilhadas, por outra. Se um CEU cria um projeto de educação ambiental, este pode ser um modelo para outra unidade; ou na área esportiva, por exemplo, organizar campeonatos entre as unidades. Planejar também eventos comuns, como uma exposição de artesanato com representantes de oficinas de todos os CEUs, num espaço cedido pela Prefeitura.

A infraestrutura dos CEUs representa uma enorme oportunidade de circulação de conhecimento dentro das comunidades desfavorecidas.

Ferramentas

A presença de novas tecnologias, como laboratórios de informática, rádio, vídeo e telecentros em cada CEU, demanda a reavaliação do que é conhecimento, sua produção e autoria, para que os equipamentos disponíveis não sejam subutilizados e cumpram a contento suas relevâncias finais. Nesse processo, é importante a consolidação de um canal de comunicação por onde passem, obrigatoriamente, todas as informações acerca das atividades, projetos, parcerias, até mesmo de manutenção predial, nomeações e orçamento; dentro dessa nova diretriz, tais registros seriam uma forma de se ter domínio sobre o conjunto de acontecimentos, programados ou não, que envolvem cada unidade.

A transparência é uma obrigação dos órgãos públicos e um direito dos cidadãos; para tanto, são necessárias a reavaliação e a reestruturação do site para torná-lo um veículo de comunicação dirigido, também, ao público em geral. Da forma como estão colocadas atualmente, as informações não têm abrangência geral, atingindo prioritariamente pessoas ligadas à rede municipal de ensino.

Dentro dos meios tradicionais de divulgação, ações de rotina podem causar efeitos bastante satisfatórios se inseridas nesse contexto de participação efetiva da comunidade. Algumas maneiras de alcançar isso seriam: elaborar materiais de baixo custo e capacitar a equipe responsável para produzi-lo; criar oficinas específicas para a produção desses materiais; orientar a produção com algumas diretrizes comuns a todos os CEUs; produzir um *mailing* com usuários dos telecentros para divulgar a programação de todas as unidades; formar redes de troca de informações entre usuários; identificar a existência de rádios comunitárias que possam divulgar as atividades; elaborar um jornal on-line com colunas de todas as unidades contando novidades, divulgando ações e garantindo espaço para e-mails dos usuários com solicitações, críticas e sugestões; estabelecer um canal direto com a população usuária (caixa de sugestões); usar o apoio das Coordenadorias de Educação para encaminhar aos supervisores de ensino toda a programação dos CEUs, e estes, por sua vez, se encarregariam de divulgá-las em todas as escolas da rede; e utilizar a assessoria de imprensa da Secretaria no sentido de criar um canal de divulgação de serviços junto aos jornais de bairro e rádios.

Canal de informação administrativa

Criação de um núcleo central de administração de informações capaz de estabelecer e coordenar o fluxo de comunicação entre todas as unidades e a SME, com atribuições institucionais claras e poder decisório sobre as demais instâncias. Por tratar-se de equipamentos públicos, há que se preservar a transparência das decisões, bem como outras informações relevantes e de interesse da sociedade, assegurando a liberdade de acesso a quem possa interessar.

Educom

Outro plano que poderia ser integrado aos mecanismos de comunicação seria o Projeto Educomunicação pelas Ondas do Rádio (Educom.rádio), iniciado em 2001 por meio de um contrato entre a Secretaria Municipal de Educação e o Núcleo de Comunicação e Educação (NCE) da Escola de Comunicações e Artes da Universidade de São Paulo (ECA-USP), e que trabalhou a linguagem radiofônica com professores, alunos e membros da comunidade educativa em 455 escolas de ensino fundamental. O

Educom, hoje ligado à Diretoria de Orientação Técnica (DOT), Ensino Fundamental, ainda mantém rádios em funcionamento nas escolas que possuem os equipamentos.

Gestor de comunicação

Diante de todas estas propostas, há que se pensar o papel do gestor de comunicação no projeto de intervenção. Como afirma Baccega,[8] é necessário que o gestor não seja um mero reprodutor de técnicas, mas, antes de tudo, um produtor consciente de suas atribuições e de suas responsabilidades dentro da sociedade. É preciso que ele olhe para a comunidade em que vive, entenda suas necessidades e se veja como elemento importante de transformação da realidade.

Espaço público de educação e inclusão social

A infraestrutura dos CEUs representa uma enorme oportunidade de circulação de conhecimento dentro das comunidades desfavorecidas onde estão inseridos. Mais do que isso, estão preparados para uma formação qualificada que contemple a convergência de aprendizado e o fortalecimento dos princípios de cidadania. Neste sentido, necessitam de processos de comunicação eficientes para que essas novas possibilidades de inclusão possam ser solidificadas.

Referências bibliográficas

BACCEGA, Maria A. O planejador cultural e o campo da Comunicação. In: *Comunicação e cultura*; um novo profissional. São Paulo: CCA/ECA-USP, 1993.

---

[8] BACCEGA, Maria A. O planejador cultural e o campo da comunicação. In: *Comunicação e cultura*; um novo profissional. São Paulo: CCA/ECA-USP, 1993.

ÉBOLI, Terezinha. *Uma experiência de educação integrada*; Centro Educacional Carneiro Ribeiro. Rio de Janeiro: Gryphus, 2000.

LOPES, Maria Immacolata Vassallo de. *Pesquisa em comunicação*. 8. ed. São Paulo: Loyola, 2005.

MARTÍN-BARBERO, Jesús. *De los medios a las mediaciones*; comunicación, cultura y hegemonía. México: Editorial Gustavo Gili, 1987. [Ed. bras.: *Dos meios às mediações*; comunicação, cultura e hegemonia. 2. ed. Rio de Janeiro: Editora UFRJ, 2001.]

PERUZZO, Cicília Krohling. *Comunicação e culturas populares*. São Paulo: Intercom, 1995.

TEIXEIRA, Anísio. *Educação não é privilégio*. São Paulo: Companhia Editora Nacional, 1971.

Organizadora

MARIA CRISTINA CASTILHO COSTA

Doutora em Ciências Sociais pela FFLCH-USP e livre-docente em Ciências da Comunicação pela ECA-USP. Dirige e edita a revista *Comunicação & Educação* (USP/Paulinas) desde 2003. É também coordenadora do Curso de especialização *lato sensu* Gestão da Comunicação.

Autores

ISMAR DE OLIVEIRA SOARES

Professor do curso Gestão da Comunicação da Escola de Comunicações e Artes da Universidade de São Paulo (ECA-USP) e coordenador do Núcleo de Comunicação e Educação; vice-presidente do Comitê Gestor da Lei Educom, no município de São Paulo; membro do International Institute of Journalism and Communication (IIJC), de Genebra, Suíça, e do Pontifício Conselho para a Comunicação Social, do Vaticano.

RICHARD ROMANCINI

Doutor em Ciências da Comunicação pela Escola de Comunicações e Artes da Universidade de São Paulo (ECA-USP) e jornalista. É pesquisador do Centro de Estudos do Campo da Comunicação (Cecom-ECA/USP) e docente do curso Gestão da Comunicação e da Faculdade de Educação e Cultura Montessori (Famec).

CLÁUDIA DO CARMO NONATO LIMA

Jornalista, com especialização em Gestão da Comunicação pela Escola de Comunicações e Artes da Universidade de São Paulo (ECA-USP). É mestranda em Ciências da Comunicação na mesma faculdade, na área de Teoria e Pesquisa em Comunicação.

ANA PAULA ALEIXO DE MOURA E SOUZA, LUCIANO SOMENZARI, MONICA KONDZIOLKOVÁ, LEDA MÁRCIA ARASHIRO, EDUARDO LOUIS JACOB, CONSUELO IVO E CRISTIANE HYPPOLITO

Especialistas em Gestão da Comunicação.

Impresso na gráfica da
Pia Sociedade Filhas de São Paulo
Via Raposo Tavares, km 19,145
05577-300 - São Paulo, SP - Brasil - 2012